LA COMMUNION SPIRITUELLE

Théorie et pratique
par des âmes sacerdotales

LA COMMUNION SPIRITUELLE

Théorie et pratique

par des âmes sacerdotales

Déjà paru :

Hélène Lannier, *Le « saint homme de Tours » et la dévotion à la sainte Face*, Bod, 2021. Disponible sur commande chez Bod.fr, Chire.fr, Fnac.com…

Illustration de couverture :
Photo du Saint-Sacrement exposé © Hélène Lannier

© 2023, Hélène Lannier
Édition : BoD – Books on Demand, info@bod.fr
Impression : BoD – Books on Demand, In de Tarpen 42, Norderstedt (Allemagne)
Impression à la demande
ISBN : 978-2-3221-8691-4
Dépôt légal : mars 2023

AVANT-PROPOS

La sainte Eucharistie. Don admirable de Jésus à nos âmes, sacrement sublime, soutien et source de sainteté pour l'âme catholique. De grands saints tel saint Pierre-Julien Eymard, ont consacré des volumes entiers à ce sujet inépuisable. Et la communion spirituelle dans tout cela ? Pratiquée très fréquemment autrefois, elle est malheureusement tombée dans l'oubli. Pourtant, le Christ y a attaché de grandes grâces. Elle peut se faire nuit et jour dans le secret du cœur, en temps de paix et en temps de guerre, en tous lieux, en toutes circonstances et à tout âge.

Dans les temps troublés qui sont les nôtres, il est plus que jamais opportun de découvrir ou de renouer avec cette sainte pratique. La communion spirituelle unit l'âme au divin Sauveur, la nourrit dans l'attente de la réception du Sacrement de l'Eucharistie, lui apporte soutien, réconfort, grâces et secours. C'est une pratique qui est très agréable à Notre-Seigneur.

Dans un premier temps, le lecteur va découvrir un court traité[1] réalisé sur le sujet en 1863 par le Père Justin Etchevary (1815-1890).

Dans une seconde partie un recueil de prières aidera à la pratique de la communion spirituelle. Elles ont été glanées dans différents livres qui ont tous obtenu approbation ecclésiastique.

Des méditations eucharistiques tirées de plusieurs ouvrages de saint Pierre-Julien Eymard composent la troisième partie. Il s'agit de donner un élan toujours renouvelé à l'âme afin qu'elle persévère dans la pratique de la communion spirituelle.

Enfin en dernier lieu, quelques prières choisies finissent ce petit livret afin d'irradier les pratiques de dévotion cou-

---

[1] Le traité n'est pas reproduit dans son intégralité. Une coupure a été faite au début et il manquait deux ou trois pages à la fin du livre. Toutefois cela n'est pas préjudiciable au travail du Père.

rantes tel le chapelet ou le chemin de Croix de la lumière de Jésus-Hostie. L'âme réparatrice y trouvera également quelques prières de réparation afin de consoler le divin Prisonnier abandonné, outragé et offensé.

Que Notre-Dame du très Saint-Sacrement garde sous sa protection toutes les âmes qui liront ce petit livret. Qu'elle leur obtienne de son divin Fils la grâce d'un amour ardent de la sainte Eucharistie et celle de la pratique fréquente de la communion spirituelle.

Dieu seul.

PREMIERE PARTIE

Père Justin Etchevary,
La communion spirituelle
Extraits

Ce qu'est la communion spirituelle

[…] Voici comment la définit le saint Concile de Trente, session 13, chapitre 8 : « Ceux-là reçoivent l'Eucharistie par une communion seulement spirituelle, qui, se nourrissant par le désir de ce Pain céleste placé devant eux, en sentent le fruit et l'utilité en vertu de cette foi vive que la charité rend féconde. » Ces quelques mots disent toute la doctrine. Elle est si douce à connaître, si grande en résultats, si aisée à pratiquer, que nous voulons la mettre dans tout son jour. Empruntons d'abord le secours des comparaisons.

Deux amis se retrouvent après une longue séparation. Ils se jettent dans les bras l'un de l'autre et se tiennent étroitement serrés. Ils se voient, ils s'entendent, et leurs cœurs confondus semblent ne battre que d'une seule palpitation. Leur bonheur est complet, parce que tout leur être s'est uni, et les facultés de l'esprit, et les puissances du cœur ; chacun est heureux de retrouver l'autre lui-même, et il se repose dans cette enivrante union qui est presque l'unité.

Mais l'heure vient où les amis les plus tendres doivent se dire adieu. La mère même la plus aimante ne peut pas toujours garder auprès d'elle le fruit de son sein ; elle doit se séparer physiquement de cet être chéri, dont rien cependant ne pourra la séparer moralement, ni la distance qui éloigne, ni les jours qui se succèdent. Comment faire revivre ces heures, bénies entre toutes, où deux cœurs étaient si rapprochés, où l'œil contemplait des traits qu'il ne voit plus, où l'oreille était caressée d'une voix dont on n'entend plus les accents, où l'on pressait des mains qu'on ne sent plus dans la sienne ? L'amour va repeupler ces lieux déserts, le cœur va faire revivre les instants écoulés, l'imagination ramènera le bien-aimé devant soi ; il semblera qu'on l'entend encore : on lui parle, il répond, il est là. On le serre dans ses bras émus… Ce n'est pas lui sans doute, mais c'est son délicieux souvenir ; c'est plus que le souvenir, c'est comme une puissance vivante qui l'a remplacé, c'est l'âme qui vient s'unir à l'âme.

Ces deux comparaisons disent-elles parfaitement, l'une, ce qu'est la communion sacramentelle, et l'autre, la communion spirituelle ? Évidemment non, et l'image n'est ici que l'ombre de la réalité. La communion sacramentelle, c'est plus que l'union étroite de deux amis qui s'embrassent, plus que l'union de l'époux et de l'épouse ; la communion spirituelle est assurément autre chose aussi que l'union qui peut s'opérer entre deux cœurs, par la pensée, l'affection et le souvenir. Et qui peut raconter les modes mystérieux par lesquels Notre-Seigneur Jésus-Christ vient à l'âme qui l'appelle ? Qui connaît les secrets de sa sagesse et de sa puissance ? Qui peut dire comment le Dieu d'amour répond à notre amour, lorsque, ne pouvant pas le recevoir dans sa présence sacramentelle, nous désirons pourtant nous unir entièrement à Lui ? Ce Corps et ce Sang, désormais indissolublement unis à son âme et à sa divinité, agissent-ils seulement à distance dans cette communion spirituelle, ou bien par un contact réel ? Questions insolubles pour notre faiblesse, et dont peut-être nous n'aurons le dernier mot, que lorsque le demi-jour du temps aura fait place aux splendeurs de cette éternité où nous verrons toutes choses dans la lumière même de Dieu. Mais déjà nous savons que Celui qui est amour, dépasse infiniment tout ce que peuvent rêver les imaginations les plus riches et les cœurs les plus ardents ; et soyons heureux d'entendre l'Église nous dire, que lorsque nous communions spirituellement, nous sommes nourris par le désir de ce Pain céleste, et qu'en vertu de la foi que la charité rend féconde, nous en sentons le fruit et l'utilité.

Les trésors de la divine Eucharistie sont bien abondants, dit le P. Avrillon ; les grâces qu'elle renferme sont bien efficaces puisqu'elle enrichit et sanctifie non seulement ceux qui la reçoivent réellement avec des dispositions saintes, mais encore ceux qui, gémissant de ne pouvoir s'en approcher, le désirent de tout leur cœur.

Ainsi, ce n'est pas la communion sacramentelle seule, qui peut nous unir à Jésus vivant dans son Sacrement. Ceux qui l'aiment sont affamés de l'Eucharistie, parce que c'est là qu'ils le trouvent tout entier, dans son Humanité sainte et chérie, comme dans sa Divinité ; ils voudraient donc le recevoir à tout instant, le garder toujours. Mais on est forcément obligé de passer bien des heures, parfois bien des jours, loin de ce banquet désiré ; et encore, quand on a eu le bonheur d'y participer, la présence sacramentelle de Jésus disparaît bientôt par la destruction des saintes espèces. Que faire donc ? Faut-il sans remède languir dans une privation douloureuse, et se dessécher comme la plante qui n'a pas sa goutte de rosée et son rayon de soleil ? Rassurons-nous ; Celui qui fait ses délices d'être avec les enfants des hommes (Prov. VIII, 31) va combler tous nos désirs. Et comment ne les comblerait-il pas ? C'est son Cœur qui les fait naître dans les nôtres, et il ne les excite que pour les couronner. Il veut donc, quand le recours au Sacrement n'est pas possible, que notre désir y supplée, et Lui y suppléera aussi par sa venue spirituelle, qui nous apportera des effets pareils à ceux que produirait la communion sacramentelle. N'en voilà-t-il pas assez pour remplir notre âme d'une immense joie, pour embaumer et sanctifier notre vie, puisqu'elle peut devenir, si nous voulons, une communion continue ?

Et qu'on ne pense pas qu'il s'agît ici de l'union seulement avec la Divinité ; elle s'opère, nous l'avons dit en commençant, par la grâce sanctifiante ; elle grandit et se resserre par tous les actes de vertu et par tous les élans du saint amour. Celle dont nous parlons est plus complète ; c'est notre être tout entier qui s'unit mystérieusement à l'Homme-Dieu tout entier ; c'est l'Eucharistie que nous recevons spirituellement avec tous ses dons et ses effets. Nous sommes alors unis à Jésus par une grâce spéciale venue de l'Eucharistie : aussi les actes de notre communion spirituelle doivent s'adresser à Jésus dans l'Eucharistie. Notre acte de foi s'applique à la présence de Notre-Seigneur dans le Sacrement de l'autel ; notre espérance est le désir confiant de recevoir l'auteur-même de la grâce ; notre amour s'attache à l'Homme-Dieu dans le mystère qui est ici-bas la plus haute expression de sa charité.

2. Méthode pour la communion spirituelle

Puisque la communion spirituelle supplée à la communion sacramentelle, il faut qu'elle en devienne la fidèle copie et soit calquée sur elle en tout ce qui la précède, l'accompagne et la suit. Elle a donc aussi sa Préparation, sa Réception et son Action de grâces.

1) Préparation

Il faut d'abord l'état de grâce. Un cœur qui serait dans les liens du péché mortel doit au préalable s'occuper de briser ses chaînes et de retourner par le repentir au Dieu qu'il a délaissé ; jusqu'à ce qu'une réconciliation entière soit accomplie, il ne saurait prétendre à ces effusions intimes qui sont réservées au plus tendre amour. D'ailleurs, il n'y songe pas, il ne peut pas y songer. Certes, quand on voit les amis eux-mêmes y penser trop peu, le pratiquer rarement, comment supposer que les ennemis s'en occupent ? Ils se sentent trop loin et ils savent qu'il n'est pas possible d'établir des familiarités avec Dieu dans un cœur soumis à l'empire du démon.

Placée dans l'état de grâce qui est déjà l'union avec Dieu, l'âme procède aux actes de foi, d'amour, de désir, d'humilité, qui vont l'unir parfaitement à l'Homme-Dieu.

Un acte de foi la transporte auprès du tabernacle ; elle s'incline, elle adore. Il est donc là, toujours présent, toujours enfermé pour nous, ce Dieu que les élus contemplent dans ses éternelles splendeurs ; il est là, humble et voilé, mais aussi grand que dans les cieux. Je crois, malgré les ombres, je crois à sa parole, à sa puissance et à son amour.

Son amour enflamme le mien ; mon cœur tressaille de reconnaissance ; il aspire à monter vers Celui que la bonté fait ainsi descendre. Vous me voulez, Seigneur ! Mais c'est moi qui ai besoin de vous. Ah ! si, en attendant le Ciel où je vous aurai toujours, je pouvais déjà vous avoir toujours dans ma poitrine, devenue votre tabernacle perpétuel ! Mais le bonheur serait trop grand et l'exil serait trop doux !

Du moins je désire m'unir à vous, autant que je le peux, en esprit, et je vous dis, avec le Prophète royal, que je cours après vous comme le cerf altéré s'élance vers les sources d'eau vive. (Ps. XLI, 2)

Pourtant je sens bien aussi que cette union même, je ne la mérite pas. Les cœurs ne peuvent parfaitement s'unir que lorsqu'ils se ressemblent ; et je vous ressemble si peu ! Là je vois la grandeur, la sainteté, la pureté infinie ; ici, l'infirmité, les défauts, les misères de tout genre, qui altèrent et obscurcissent cette beauté intérieure qui charme vos regards et vous attire à nous. Si vous n'étiez que juste, vous me repousseriez ; mais vous êtes bon, et vous m'appelez. Vous m'appelez, comme le Bon Pasteur appelle la brebis tremblante, qui n'oserait pas s'approcher, si elle n'entendait une douce voix qui l'invite. Je viens à vous, Seigneur ; venez à moi ! J'ai raison de m'humilier quand je regarde ma pauvreté ; mais j'ai raison de me confier quand je regarde votre puissante miséricorde ; une parole de vous suffit pour m'élever à vous.

2) Réception

Voici le moment de l'union : que toutes nos puissances spirituelles y soient employées. Notre imagination, notre mémoire, notre cœur sont riches ; si riches, que nous avons souvent de la peine à nous défendre contre l'invasion de leurs dangereuses rêveries. Les fantaisies affluent, les fantômes se succèdent ; c'est tout un monde qui vit devant nous avec tous les charmes et toutes les tentations de la réalité ; car, quel est celui pour qui la fécondité des pensées n'est pas un tourment de chaque jour ? Sanctifions ces facultés si vives, si agissantes, en les appliquant à des idées divines et aux élans de l'amour. Tantôt nous nous souviendrons que Jésus entrait dans les maisons amies, hôte vénéré que l'on accueillait avec bonheur ; et il nous sembla le voir ainsi entrer sous la tente de notre âme qu'il choisit pour son séjour. Tantôt nous nous figurerons qu'il se donne à nous de ses mains, comme il se donna pour la première fois à ses Apôtres, le jour où il institua le Sacrement de son amour ; ou bien, qu'il pénètre miraculeusement dans notre poitrine, comme l'histoire le raconte de quelques Saints, entre autres de sainte Julienne, sur le cœur de laquelle resta, comme témoignage de cette céleste faveur, l'empreinte de la sainte hostie ; ou bien encore, que notre bouche, heureuse comme à l'heure de la communion sacramentelle, savoure le délicieux contact du Pain de vie. Quelquefois nous nous imaginerons que notre Ange gardien nous apporte la vraie manne du Ciel, comme les Anges l'apportèrent par deux fois au jeune saint Stanislas de Kotska ; ou même que c'est Marie qui se plaît à placer auprès de notre cœur le cœur de ce Fils bien-aimé, qu'elle a donné au monde. Nous indiquons ces divers aspects sous lesquels la communion spirituelle peut être représentée ; mais le véritable amour saura s'en créer de nouveaux et les variera selon les dispositions du moment et surtout suivant les inspirations de la grâce. Toujours est-il qu'il nous faut dilater toute notre âme pour y recevoir l'hôte divin ; une fois reçu, nous l'embrasserons dans les étreintes d'une respectueuse tendresse ; et nous demeurerons un instant dans cette ravissante joie de la possession, qu'exprime si bien l'Épouse des Cantiques : « Mon bien-aimé est à moi, et moi je suis à lui. » (Cant. Cant., 2,16)

3) Action de grâces

Cependant il faut, non pas se séparer (les cœurs qui s'aiment ne se séparent jamais), mais interrompre ces jouissances saintes. Ici-bas les bonheurs, même les plus purs, ne peuvent durer qu'un instant. Ils reviendront bientôt sans doute, mais pour finir bien vite encore et se succéder comme des degrés d'ascension vers le Ciel. Remercions Jésus ; qu'il soit béni d'avoir honoré d'une si grande visite l'âme qui n'est que son humble servante et qu'il élève à la dignité d'épouse. Il a resserré les liens de sa tendresse que chaque divin contact rend plus intime et plus douce ; il nous a donné un baiser de sa bouche (Cant. 1, 1), et ce baiser mystérieux nous a laissé une empreinte vive et un suave souvenir. Nous nous retirons heureux ; et, au milieu de ce monde dont nous entendrons encore la voix, au sein de ces travaux que nous allons reprendre, dans la carrière accoutumée qu'il nous faut encore parcourir, ce souvenir nous restera pour entretenir notre immortel amour. Nous pourrons, comme expression de notre reconnaissance, nous servir de quelques unes des belles prières que l'Église adresse à son Époux du tabernacle. Les voici d'abord dans la langue de l'Église, nous en donnerons ensuite la traduction française.

Ant. O Sacrum convivium, in quo Christus sumitur, recolitur memoria Passionis ejus, mens impletur gratia, et futurae gloriae nobis pignus datur.

Panem de coelo praestiti eis.

Omne delectamentum in se habentem.

Oremus.

Deus, qui nobis sub sacramento mirabili Passionis tuae memoriam reliquisti ; tribue, quaesumus, ita nos corporis et sanguinis tui sacra mysteria venerari ut Redemptionis tuae fructum in nobis jugiter sentiamus. Qui vivis et regnas, Deus, in saecula saeculorum. Amen.

Ant. Ô festin sacré, où l'on reçoit Jésus-Christ, où la mémoire de sa Passion est renouvelée, où l'âme est remplie de grâces, et où le gage de la gloire future nous est donné.

Vous leur avez donné un Pain descendu du Ciel.

Qui renferme en lui tous les délices.

Prions.

Ô Dieu, qui nous avez laissé dans un sacrement admirable la mémoire de votre Passion, accordez-nous de révérer tellement les mystères sacrés de votre Corps et de votre Sang, que nous ressentions sans cesse dans nos âmes le fruit de la

Rédemption que vous avez opérée. Vous qui, étant Dieu, vivez et régnez dans les siècles des siècles. Ainsi soit-il.

Résumons maintenant tous ces actes en une formule assez abrégée pour rendre facile le fréquent exercice de la communion spirituelle :

« Mon Sauveur Jésus-Christ, je crois que vous êtes présent dans le saint-Sacrement de l'autel ; je vous y adore, et je vous aime de tout mon cœur. Que je voudrais vous recevoir dans ce Sacrement adorable où vous vous donnez tout entier ! Je ne mérite pas même d'être uni à vous par les liens mystérieux de la communion spirituelle ; mais enlevez de moi tout ce qui peut vous déplaire, oubliez mes infidélités ; je m'en repens par amour pour vous ; dites une parole, et mon âme sera guérie.

Venez, mon Bien-aimé, venez répondre aux désirs de mon cœur !

Ah ! Seigneur, vous êtes à moi, et je suis à vous !

Merci, mon Jésus ! Désormais plutôt mourir que de cesser de vous aimer. Ne permettez pas que je me sépare jamais de vous ! »

3. Les moments de la communion spirituelle

1) La sainte Messe

Lisons d'abord ce que dit le saint Concile de Trente (Session 22, ch. 6), en parlant des messes où le prêtre seul communie : « Le saint Concile désirerait qu'à chaque messe célébrée les fidèles présents fissent la communion, non seulement spirituelle, mais encore sacramentelle, afin de recueillir par là le fruit de ce sacrifice avec plus d'abon-dance ; cependant, s'il n'en est pas toujours ainsi, il ne condamne pas pour cela, comme privées et illicites, les messes où le prêtre seul communie sacramen-tellement ; mais il les approuve, il les recommande même, car ces messes-là doivent aussi être considérées comme communes : soit parce que le peuple y communie spirituellement, soit parce qu'elles sont célébrées par un ministre public de l'Église, non seulement pour lui, mais aussi pour tous les fidèles qui appartiennent au corps de Jésus-Christ. » Dans ce peu de mots, quelle abondance d'enseignements et que de lumières pour le sujet qui nous occupe ! Le saint Sacrifice est offert par l'Église, au nom du peuple fidèle, et pour ainsi dire par tout le peuple que le prêtre représente auprès de Jésus, comme Jésus représente toute l'humanité dans les hommages qu'il rend à son Père. En conséquence, tout le peuple doit s'unir au prêtre, et dans l'offrande, et dans la manducation de la sainte Victime, afin de participer efficacement à cet acte suprême du culte, et de s'en appliquer personnellement les mérites. De là ce désir, si souvent, si vivement exprimé, que pas un des fidèles qui assistent au saint Sacrifice ne se retire sans avoir reçu dans son cœur l'Agneau de Dieu offert pour le salut du monde. Et nous savons que la primitive Église, toute émue encore des grandes scènes qui s'étaient passées sous ses yeux, ou dont elle entendait le récit de la bouche de ceux qui en avaient été les témoins, participait chaque jour tout entière à ce Corps et à ce Sang divins qui venaient d'être immolés pour elle au Golgotha, et qui s'immolaient encore sur l'autel. Ceci est si bien dans l'idée du

Sacrifice chrétien, que les hérétiques essayent d'en faire une arme contre l'Église, en lui reprochant les messes qu'ils appellent privées parce que le peuple n'y communie point. Nous avons entendu la réponse de l'Église : « ces messes ne sont point privées, dit-elle, soit parce que celui qui les célèbre est l'ambassadeur de tout le peuple et agit en son nom, soit parce que le peuple lui-même y participe par la communion, ou sacramentelle, ou spirituelle. »

Il est donc évident que les fidèles doivent y communier, au moins spirituellement. Sans doute, il n'est pas requis, pour l'assistance régulière au saint Sacrifice, que la communion spirituelle soit faite de cette manière directe et explicite que nous avons indiquée ; il suffit que ce soit dans le sens large et l'intention générale de s'unir à tout ce que fait l'Église et à ce que Dieu demande de nous. Mais qui ne sent que, pour entrer pleinement dans les désirs de l'Église et de son divin fondateur, pour percevoir pleinement les fruits du Sacrifice offert sur les autels, les âmes doivent y prendre une part active par la communion sacramentelle, ou, si elles ne le peuvent ainsi, par cette communion spirituelle dont les actes fervents unissent intimement à Jésus ?

Cette pratique, indiquée dans plusieurs ouvrages de piété, est surtout recommandée par le B. Léonard de Port-Maurice, dans son opuscule sur la *Manière d'entendre la sainte Messe* ; par le P. Avrillon, Minime, dans ses savantes et pieuses *Méditations sur la sainte Communion*, et par le P. Rodriguez, de la Compagnie de Jésus, dans sa *Pratique de la Perfection chrétienne*.

2) Toutes les fois que nous venons aux pieds des autels

Grâce au Ciel, les occasions en sont nombreuses pour les âmes adonnées à la piété :

Visites au Saint-Sacrement, audition de la parole sainte, réception du sacrement de Pénitence, exercice du Chemin de la

Croix, les diverses cérémonies religieuses, tout autant de motifs qui nous appellent à la maison de Dieu. Or, ces appels variés, fréquents, qui nous convoquent auprès du tabernacle, comprenons-nous qu'ils ne sont que l'écho de la voix de Jésus, l'expression de ce Cœur d'Époux qui multiplie les moyens d'avoir auprès de Lui ses âmes d'élite, ses épouses chéries ? Il les veut là, dans le sanctuaire qu'il s'est choisi, tout près de sa prison d'amour, à quelques pas de son Cœur qui bat sous les espèces sacramentelles, afin que les mutuelles communications deviennent plus faciles et plus ferventes. Répondons à cette attention délicate ; profitons chaque fois de notre présence auprès de l'autel, pour nous unir à Jésus par la réception spirituelle de son Sacrement d'amour. Saint Alphonse de Liguori demande que les visites au Saint-Sacrement commencent et finissent par la communion spirituelle.

3) À tout moment de notre vie

Enfin, il n'est pas une heure de notre vie où il ne soit aisé de nous acquitter de cet acte pieux ; le malade le peut sur la couche qui le retient, le navigateur dans son navire, le voyageur sur son chemin. Car que faut-il ? Un élan intérieur que personne n'aperçoit, qui ne change en rien notre manière d'être à l'extérieur, qui n'empêche l'accomplissement d'aucun des devoirs de notre état. Ne nous est-il pas facile de penser, d'aimer, de nous souvenir toujours ? Au sein-même du mouvement qui se fait autour de nous, et auquel nous sommes souvent obligés de nous prêter, notre cœur garde la possession de lui-même, et les aspirations peuvent aller où elles veulent, sans qu'aucune puissance étrangère soit capable d'en comprimer l'essor. Va donc, ô mon âme, vers Celui qui est ton centre et ta vie ; va t'unir à ton Époux par cette charité vivante dont lui-même fait naître et grandir en toi la flamme ! Et tandis que tant de cœurs ici-bas s'aiment, se correspondent, s'unissent par d'invisibles liens, se confondent dans la plus expansive tendresse, que le vôtre et le mien, ô Jésus, soient confondus dans l'union ineffable du pur amour, dont vous êtes à la fois le principe et la fin ! Que cette vaste communion spirituelle que vous désirez établir entre toutes les âmes et vous, sans cesse répandue, alimentée, restaurée par votre grâce, mais qui ne sera complètement consommée qu'au Ciel, soit déjà comprise, voulue, pratiquée dès cette vie, au moins par vos fidèles, par ceux dont vous êtes le suprême ami !

4. Résultats de la communion spirituelle

Les théologiens et les auteurs ascétiques signalent de tels effets produits par la communion spirituelle, que nous sommes émerveillés de voir quels trésors nous prodigue l'intarissable charité de notre Jésus.

Voici ce que nous en disent les théologiens : la communion spirituelle n'est pas, il est vrai, un sacrement qui opère de lui-même la grâce sanctifiante ; mais elle est une extension féconde du sacrement de l'Eucharistie ; elle produit et augmente la grâce selon les dispositions de l'âme, selon le degré de l'amour et l'ardeur des désirs. Elle enlève de l'âme, par l'effet de l'acte de charité, les restes des peines dues aux péchés pardonnés, et, par cette même charité, dont elle est empreinte, elle efface et anéantit les péchés véniels.

Écoutons maintenant les ascétiques, et plaçons à leur tête la séraphique sainte Thérèse ; elle écrit à ses chères filles du Carmel : « Les jours où vous entendrez la messe sans communier réellement, faites-le spirituellement ; rien ne vous en empêche, et vous en retirerez le plus grand fruit. Aussitôt après, recueillez-vous au-dedans de vous-même avec le divin Maître, de la même manière que si vous l'aviez réellement reçu. Son amour s'imprime ainsi merveilleusement dans nos âmes. Chaque fois que nous nous disposons à le recevoir, il nous donne quelque grâce et se communique à nous en diverses manières, qui nous sont incompréhensibles. Il agit à la manière du feu. Vous êtes en hiver dans un appartement où il y a un grand feu ; si vous vous en tenez éloignées, vous ne vous chaufferez guère, seulement vous aurez moins froid que s'il n'y avait point de feu ; mais approchez, ce sera autre chose, vous sentirez toute sa bienfaisante action. Il en est absolument de même de notre âme ; si elle se dispose, c'est-à-dire si elle souhaite perdre son froid, et si par le désir elle s'approche de Jésus-Christ qui est son véritable feu, il lui suffira de quelques moments passés auprès de lui, pour être pénétrée d'une divine chaleur qui lui durera plusieurs heures. »

Rodriguez (*Pratique de la Perfection chrétienne*, 3e partie, 8e traité, chap.15) assure qu'une âme, qui fait avec ferveur la communion spirituelle, obtient bien plus de grâces que celle qui s'approche de la table sainte avec de faibles dispositions.

Enfin, saint Alphonse de Liguori écrit dans ses préliminaires aux *Visites du Saint-Sacrement* : « Quant à ce qui concerne la satisfaction que Dieu retire de ces communions spirituelles, et les grâces qu'il y attache, il l'a déclaré lui-même à sa servante sœur Paule Maresca, fondatrice du monastère de sainte Catherine de Sienne, à Naples. On lit dans l'histoire de la vie de cette sainte fille, que Dieu lui montra deux vases précieux, l'un d'or et l'autre d'argent, et qu'il lui dit : « Je conserve dans le vase d'or les communions réelles, dans l'autre les communions spirituelles. » Le Seigneur dit encore à la bienheureuse Jeanne de la Croix, « que chaque fois qu'elle communiait spirituellement, elle recevait la même grâce que si elle eût communié réellement... » Aussi toutes les âmes dévotes se plaisent-elles dans le fréquent exercice de la communion spirituelle. La bienheureuse Agathe de la Croix en faisait jusqu'à deux cents tous les jours ; et le P. Pierre Fabre, qui fut le compagnon de saint Ignace, disait que pour bien faire la communion sacramentelle, il fallait s'exercer à la communion spirituelle. »

[...] Si le baptême de désir, sans imprimer de caractère, suffit cependant pour enrichir l'âme de la même grâce sanctifiante qui nous est donnée par le baptême dans l'eau et le Saint-Esprit ; pourquoi refuserions-nous au Dieu tout-puissant et tout bon le pouvoir et la volonté de donner à notre communion de désir, l'efficacité de la communion sacramentelle avec son Corps et son Sang ? C'est toujours le Dieu qui a promis de rassasier notre faim et notre soif de justice (Matth., 5, 6) ; quand c'est de lui personnellement que nous avons faim et soif, ah ! Il trouvera dans ses trésors infinis des moyens de combler les désirs de notre amour, de cet amour qui tend à s'identifier avec le Bien-Aimé…

Cette union avec Jésus, souvent renouvelée, finit par donner au cœur une direction continue vers le Ciel. Cet élan, qui revient à toute heure, ressemble aux impulsions vigoureuses imprimées aux objets que l'on veut faire avancer ; le mouvement n'a pas encore eu le temps de se ralentir, que déjà une impulsion nouvelle vient le précipiter et maintenir sa marche progressive.

Le cœur humain est un foyer auquel il ne faut pas cesser de fournir des aliments divins. Quand on a soin de l'entretenir ainsi, le saint amour n'y vit pas seulement, il grandit, il augmente, il prend des proportions indéfinies.

Ah ! puisque Jésus n'a pas mis de bornes dans son amour pour nous, n'en mettons point dans notre amour pour Lui ! Et puisqu'il multiplie les moyens par lesquels on arrive à l'union parfaite avec son Cœur, empressons-nous de les mettre en œuvre pour parvenir à ce but désiré…

Fin

DEUXIEME PARTIE

La communion spirituelle en pratique

1. La communion spirituelle à la Messe

Comme nous l'avons lu plus haut, il est recommandé de faire une ou plusieurs communions spirituelles en assistant à la sainte Messe. À cet effet, voici quelques suggestions de prières.

1) Prières pour la communion spirituelle seule pendant la Messe

Communion spirituelle d'après les conseils de saint Léonard de Port Maurice[2]

Pendant que le Prêtre communie sacramentellement vous ferez la communion spirituelle.

---

[2] T.H. Frère Irlide supérieur général, *Manuel de piété à l'usage des frères des écoles chrétiennes*, Tours, Mame, 1887, p. 137-139.

Pour cela, lorsque le Prêtre sera sur le point de communier, vous ferez de tout votre cœur un acte de vraie contrition ; vous frappant humblement la poitrine, vous vous avouerez indigne de recevoir Jésus-Christ au-dedans de vous ; puis vous exciterez dans votre cœur un ardent désir de vous nourrir de ce Pain céleste et de participer à toutes les grâces de la communion sacramentelle. Vous pourriez, pour cela, réciter cette prière :

Adorable Jésus, je crois fermement que vous êtes ici présent, dans votre Saint-Sacrement ; je vous y adore, et je vous aime par-dessus toutes choses. Je vous désire de toute l'ardeur de mon âme ; mais puisque je ne puis maintenant vous recevoir sacramentellement, venez au moins spirituellement dans mon cœur. M'unissant à vous comme si vous y étiez venu en effet, je me consacre tout à vous. Seigneur, ne vous séparez jamais de moi, ne permettez pas que je ne me sépare jamais de vous.

Après avoir ainsi fait la communion spirituelle, contemplez votre Dieu au-dedans de vous-même et demandez-lui, avec une vive ardeur, toutes les grâces dont vous avez besoin, ou plutôt laissez Jésus, qui est en vous, prier et demander pour vous. Élargissez votre cœur, ne vous bornez pas à demander à Dieu seulement quelques faveurs ; mais sollicitez de grandes grâces, puisque l'offrande de son divin Fils, que vous venez de lui faire, est d'un prix infini.

Dites-lui avec une profonde humilité :

Ô Dieu de mon âme, je me reconnais indigne de vos faveurs, à cause de la multitude et de l'énormité de mes fautes ; je le confesse sincèrement, non, je ne mérite en aucune manière que vous m'exauciez. Mais pourriez-vous rejeter la prière que votre adorable Fils vous adresse sur cet autel, où il vous offre son Sang et sa vie pour moi ? Oh ! Dieu de mon cœur, agréez les supplications de celui qui plaide en ma faveur auprès de votre Majesté ; et, en sa considération, accordez-moi toutes les grâces que vous savez m'être nécessaires pour réussir dans la grande affaire de mon salut.

C'est maintenant plus que jamais que j'ose vous demander le pardon général de tous mes péchés, et la grâce de la persévérance finale dans le bien.

De plus, appuyant toujours ma confiance sur les prières que vous adresse mon Jésus, je vous demande pour moi, ô mon Dieu, toutes les vertus dans le plus haut degré, tous les secours efficaces pour devenir un véritable saint. Je vous demande aussi la conversion de tous les infidèles, de tous les hérétiques, de tous les pécheurs, et particulièrement de ceux qui me sont unis par les liens du sang ou de l'amitié.

Je vous conjure encore de m'accorder la délivrance, non d'une seule âme, mais de toutes celles qui sont actuellement détenues en purgatoire ; affranchissez-les toutes, et que, par l'efficacité de ce saint Sacrifice, ce lieu de tourment et d'expiation reste tout à fait vide. Convertissez aussi toutes les âmes des vivants, afin que ce misérable monde se change, pour votre Majesté, en paradis de délices, et qu'après vous y avoir aimé, loué, béni et adoré, nous puissions vous louer et vous glorifier dans l'éternité. Ainsi soit-il.

Demandez avec assurance, demandez pour vous, pour vos amis, pour vos proches, pour toutes vos connaissances, tout ce que vous croyez nécessaire pour l'âme et pour le corps. Priez pour la sainte Église, afin que le Seigneur daigne la délivrer des maux qui l'affligent, et lui accorder la plénitude de tous les biens ; surtout, ne demandez pas avec tiédeur, mais avec la plus grande confiance ; ayez l'assurance que vos prières, unies à celles de Jésus, seront exaucées.

Prières de l'Abbé Esmonin, pouvant être dites au moment de la Communion sacramentelle, si l'on ne peut pas communier[3]

Le moment approche pour l'âme pieuse de participer à la sainte victime du sacrifice. Moment précieux où le Dieu d'amour vient s'unir à la créature, par le plus ineffable et le plus prodigieux des mystères. Ô mon aimable Sauveur ! puisque je ne puis avoir aujourd'hui le bonheur de vous recevoir, souffrez que je recueille les miettes précieuses qui tombent de votre table, et que je m'unisse à vous par mes ardents désirs, et par un sacrifice complet de tout moi-même. Je le sais, ô mon Dieu, je ne mérite point le pain des enfants, mais loin de vous je ne puis vivre, mon âme est dans la sécheresse, et mon cœur dans l'abattement. Venez donc en moi, ô divin Jésus ! venez dans mon esprit pour

---

[3] *Abbé F. Esmonin, Le bonheur à la Table sainte ou l'Union de l'Ame fidèle avec Dieu dans la Communion fréquente*, 46ème édition, Dijon, imprimerie Darantiere, p.35-37.

l'éclairer de vos lumières, venez dans mon cœur pour l'embraser du feu de votre saint amour, et pour l'unir si entièrement au vôtre que je ne vive plus, mais que vous viviez en moi et que vous y régniez à jamais.

Après la Communion

Le sacrifice est accompli ; en ai-je recueilli les fruits salutaires ? Je l'espère, ô mon divin Sauveur ! Vous connaissez le fond de mon cœur, vous savez que je vous aime ! Oh ! Résidez désormais dans mon âme par votre grâce et par votre amour ; puisse cette communion spirituelle contribuer à mon avancement dans la vertu, et me rendre digne de vous recevoir bientôt et réellement dans le sacrement que vous nous avez laissé pour gage de la vie éternelle.

Intercédez pour moi, ô Mère de mon Dieu ! mon avocate et ma tendre Mère ; ange du Très-Haut, veillez sur moi ; et vous, les élus de Dieu, que l'Église m'a donnés pour protecteurs, employez votre puissant crédit, afin que les grâces que le Seigneur m'a faites lui consacrent à jamais mon esprit, mon cœur et tout mon être.

Communion spirituelle de Mgr Mislin pendant la Messe[4]

Si vous n'avez pas eu le bonheur de communier, unissez-vous au moins d'intention à la Communion du célébrant par la prière suivante :

Que ne puis-je, ô bon Jésus, vous recevoir en ce moment avec les dispositions que vous demandez de moi, avec une foi vive, une douce espérance, un amour ardent, avec une âme sans tache et une humilité profonde. Venez à mon aide, divin Jésus ; disposez mon cœur afin qu'il soit moins indigne de vous recevoir ; arrachez-en tous les mauvais penchants, et prenez-en une entière possession. Seul, abandonné, je sens toutes les misères qui m'accablent ; avec vous je serai fort pour résister à tout le mal, pour faire le bien, pour vous aimer par-dessus tout, pour vous aimer toujours.

---

[4] Mgr Mislin, *Livre d'heures avec un choix d'autres prières*, Vienne, Henry Reiss éditeur, 1867, p.63-64.

Je m'unis à vous, je me donne à vous. Ne rejetez pas une âme indigne, il est vrai, mais qui sollicite humblement son pardon. Purifiez-la de toutes souillures, afin que je sois bientôt en état de vous recevoir réellement.

2) Manière d'entendre la sainte Messe pour y faire la communion spirituelle par l'Abbé Esmonin[5]

Introduction

La communion spirituelle du Corps et du Sang de Jésus-Christ est une participation à la victime qui a été offerte sur l'autel ; elle est le complément du sacrifice, et c'est pour cela que les anciens fidèles n'assistaient jamais à la sainte Messe sans y recevoir la sainte Eucharistie. Le concile de Trente a déclaré depuis qu'il serait à désirer que tous les chrétiens fussent

---

[5] *Abbé F. Esmonin, Le bonheur à la Table sainte ou l'Union de l'Ame fidèle avec Dieu dans la Communion fréquente,* 46ème édition, Dijon, imprimerie Darantiere, p. 17-39.

encore aujourd'hui en état de conserver cette pratique de la primitive Église, afin de participer plus abondamment aux fruits du sacrifice.

Mais si notre misère intérieure nous prive des dispositions saintes et pures qui sont nécessaires pour approcher souvent de la sainte Eucharistie, ne négligeons rien pour obtenir du moins une petite part des grâces nombreuses que le Seigneur accorde à ceux qui le reçoivent dignement dans le plus auguste de ses mystères ; recueillons avec soin les miettes qui tombent de ce festin royal, et quand nous ne pouvons communier sacramentellement, faisons-le du moins en esprit, car la communion spirituelle est un des exercices les plus excellents de la vie intérieure ; elle remplit de biens et de consolation l'âme fidèle, qui reçoit alors Jésus-Christ par l'ardeur de ses désirs, qui s'en nourrit en esprit par les actes d'une foi vive et d'une vraie charité, et qui, par ce moyen, se rend digne de recueillir abondamment les fruits de cet adorable sacrement.

C'est afin de faciliter ce pieux exercice de la communion spirituelle que nous donnons ici cette manière spéciale d'entendre la Messe à cette intention.

Prière avant la Messe

Je vous offre, ô mon Dieu ! cet auguste sacrifice pour honorer vos perfections ineffables, pour vous remercier de toutes les grâces dont vous m'avez comblé, pour vous demander pardon de mes infidélités sans nombre, et pour obtenir de vous de nouvelles faveurs.

Au commencement de la Messe

Je m'approche de votre autel, ô mon Dieu ! pour demander la vie et la nourriture de mon âme. Vous êtes mon seul appui, ne me repoussez pas ; ne laissez pas mon âme languir dans la tristesse, sous l'oppression des ennemis de mon salut. Faites, au contraire, briller à mes yeux le flambeau de la foi, purifiez mon cœur, soutenez ma faiblesse ; envoyez-moi, du haut de votre trône, cette sublime sagesse qui fait connaître à vos enfants la grandeur de vos saints mystères, la sainteté de votre loi et la majesté de votre présence. Ô mon âme ! marche avec confiance vers la sainte montagne ; là réside le Dieu qui t'aime et t'appelle à lui ; va, pour glorifier son saint Nom, et admirer les effets prodigieux de sa charité.

Au Confiteor

Je ne chercherai point, Seigneur, à me justifier devant vous, je m'écrierai avec l'enfant prodigue : j'ai péché contre le Ciel et contre vous, je ne suis pas digne d'être appelé l'enfant chéri de votre cœur : c'est par ma faute que j'ai péché, je ne saurais trop le répéter pour rendre hommage à la vérité et pour humilier mon orgueil ; j'ai abusé mille fois de vos grâces, oserais-je après cela m'approcher de votre saint autel ? Vierge sainte, qui avez été le sanctuaire du Fils de Dieu fait homme ; anges du désert qui lui avez préparé la voie ; fidèles disciples qui l'écoutiez avec tant de docilité ; âmes bienheureuses, qui le possédez au Ciel, joignez-vous à moi, demandez-lui grâce pour moi, il vous exaucera. Sa miséricorde parlera elle-même, et désarmera la justice divine. Puissé-je, purifié par les grâces que vous m'obtiendrez du Seigneur, mériter de lui être irrévocablement uni par le repentir et par l'amour !

A l'Introït

Prépare-toi, ô mon âme ! à aller au-devant de ton Dieu ; pendant cet auguste sacrifice, sa justice et sa miséricorde vont faire alliance en ta faveur. Témoigne-lui toute ta reconnaissance, donne-lui tout empire sur ton cœur ; c'est lui qui t'a créée, qui t'a rachetée, et qui te comble encore tous les jours de tant de bienfaits.

« Seigneur, j'ai crié vers vous du fond de l'abîme de ma misère. Si vous examinez avec rigueur mes iniquités, pourrai-je soutenir votre présence ? Venez m'arracher au péché et me montrer la voie qui conduit à vous. »

Père infiniment miséricordieux, ayez pitié de votre pauvre créature ; Jésus, mon Sauveur, appliquez-moi les mérites de votre passion et de votre mort, Esprit-Saint, Dieu sanctificateur, descendez dans mon cœur, et embrasez-le de votre amour.

Au Gloria in excelsis

Gloire à Dieu dont la justice est vengée par le sacrifice perpétuel d'une si noble victime ! paix et consolation aux hommes de bonne volonté qui sont sur la terre, et qui voient un Dieu s'anéantir tous les jours pour les sauver et pour les élever jusqu'à lui ! Je vous loue, Seigneur, je vous bénis, je vous adore, je demeure ravi à la vue des prodiges de votre amour. Souffrirai-je qu'ils me deviennent inutiles par les criminelles dispositions de mon cœur ! Rejetterai-je encore cette paix que vous m'offrez ! Ne m'efforcerai-je pas d'acquérir cette bonne volonté qui en est la source ! Apaisez, ô mon Dieu ! la guerre qui s'élève si souvent dans mon cœur, et qui fait que la chair combat contre l'esprit.

Aux Oraisons

Accordez-moi votre amour, ô mon Dieu ! je vous adresse cette demande par l'entremise de Marie, la Mère de la tendre dilection ; par l'intermédiaire de tous les Saints, et en particulier de ceux dont l'Église célèbre aujourd'hui la fête. Venez, Seigneur, par la communion spirituelle, unir votre esprit divin à mon esprit si léger ; votre cœur si plein de charité pour les pécheurs à mon cœur si ingrat et si volage, afin que, fixé dans votre amour, je puisse bientôt vous recevoir dans votre adorable Sacrement.

Épître

Mes bien-aimés, humiliez-vous sous la main puissante de Dieu, afin qu'il vous bénisse dans le temps de sa visite. Déchargez-vous sur lui de toutes vos inquiétudes, car il prend soin de vous ; soyez sobres et veillez, parce que le démon votre ennemi rôde autour de vous comme un lion rugissant, cherchant une proie pour la dévorer ; résistez-lui en demeurant ferme dans la foi. Sachez que vos frères qui sont répandus dans le monde souffrent les mêmes afflictions que vous. Le Dieu de toute grâce qui nous a appelés par Jésus-Christ à la gloire éternelle, nous perfectionnera et nous rendra inébranlables après que nous aurons un peu souffert sur la terre d'exil. (S. Pierre, ch. 5)

Au Graduel

S'il a suffi à une femme d'Israël de toucher votre robe pour obtenir sa guérison, que ne dois-je pas espérer de vous. Ô Jésus ! si vous daignez venir spirituellement dans mon cœur et l'unir au vôtre par la conformité des pensées et des désirs !

Ô mon Sauveur, guérissez toutes les infirmités de mon âme ; dissipez ses ténèbres, et apprenez-moi combien votre joug est doux et votre fardeau léger.

Évangile

Jésus dit aux Juifs : « Travaillez pour acquérir, non la nourriture qui périt, mais celle qui demeure jusqu'à la vie éternelle, et que le Fils de l'homme vous donnera. » Ils lui dirent : « que ferons-nous pour accomplir les œuvres de Dieu ? » Jésus leur répondit : « la volonté de Dieu est que vous croyiez en celui qu'il a envoyé. » Alors ils lui dirent : « Quel miracle nous faites-vous voir pour que nous croyions en vous ? Nos pères ont mangé la manne dans le désert, ainsi qu'il est écrit : il leur a donné à manger le pain du ciel. » Jésus leur dit : « En vérité je vous le dis, Moïse ne vous a point donné le pain du ciel, c'est mon Père qui vous le donne. Car le pain de Dieu est celui qui est descendu du ciel, et qui donne la vie au monde. » Ils lui dirent : « Seigneur, donnez-nous toujours de ce pain. Alors Jésus leur répondit : Je suis le pain de vie, celui qui vient à moi n'aura pas faim ; et celui qui croit en moi n'aura pas soif. » (Saint Jean, ch. 6)

Au Credo

« Je crois, ô mon Dieu ! toutes les vérités que vous avez révélées à votre sainte Église, je les crois, Seigneur, et je vous demande la grâce de vivre et de mourir dans cette ferme croyance. Faites que ma vie soit conforme à ma foi, c'est-à-dire remplie de bonnes œuvres, et animée par la reconnaissance et par l'amour ; que je ne rougisse jamais de me montrer au milieu du monde comme votre fidèle disciple, et que je soutienne constamment les intérêts de votre sainte religion.

Seigneur, je vois autour de moi l'impiété poursuivre de sa haine et votre Église et ses ministres ; les jours mauvais de notre siècle corrompu enfantent de nouvelles calomnies et de nouvelles persécutions ; je ne m'en étonne point, mon Dieu, car vous nous avez vous-même prévenus qu'il en serait ainsi. Ne permettez pas que les cris de l'impie affaiblissent ma foi ; resserrez

plus fortement encore les nœuds qui m'attachent à votre sainte Église ; mettez dans mon cœur une docilité parfaite pour ses pasteurs légitimes ; c'est dans son sein que je suis devenu votre enfant, c'est dans son sein que je veux vivre et mourir.
Ainsi soit-il.

A l'Offertoire

Je m'offre à vous, Seigneur, comme vous vous offrîtes à votre Père lorsque vous étiez attaché à la Croix ; et comme il n'est rien demeuré en vous qui ne soit entré dans votre sacrifice, je veux aussi qu'il n'existe rien en moi qui ne vous soit sacrifié. Recevez-donc, Seigneur, l'offrande de toutes mes pensées, de toutes mes affections, de tout mon être ; je ne puis vous présenter des actions de grâces proportionnées à vos bienfaits ; j'appelle à mon secours les prières et les mérites de tous ceux qui ont le bonheur de s'unir à vous par la communion sacramentelle ; que leur fervente piété, que leur tendre amour, suppléent à mon indignité, et me disposent à vous recevoir au moins en esprit, par l'ardeur de mes désirs, et par un repentir profond et sincère de mes fautes.

A la Préface

Votre ministre m'avertit, ô mon Dieu, que je dois en ce moment élever mon cœur avec toutes ses affections vers le ciel, c'est-à-dire oublier toutes les choses de la terre, et ne plus m'occuper que du grand mystère qui va se célébrer sur l'autel. Oui, Seigneur, mon esprit et mon cœur s'élèvent vers vous, et c'est pour vous rendre grâces des bienfaits sans nombre que vous répandez sur moi ; car c'est particulièrement pour remercier le Dieu de bonté que va s'accomplir le sacrifice étonnant de son amour et de sa miséricorde. Ô Jésus ! c'est par vous que les puissances du ciel louent et adorent la majesté divine ; c'est aussi par vous que je m'unis à leurs chants de louanges pour glorifier le Dieu trois fois saint qui n'a pas abandonné son ingrate et coupable créature. Soyez à jamais béni, Seigneur, d'être venu sur la terre pour faire revivre en nous le beau titre d'enfants de Dieu ; soyez béni du désir que vous me donnez de vous recevoir en esprit dans mon pauvre cœur. Que cette union toute mystérieuse me rende moins indigne d'offrir au Dieu trois fois saint, mon créateur et mon bienfaiteur, l'hommage d'adoration, de louanges, d'amour et d'actions de grâces qu'il mérite et que je lui dois.

Avant la Consécration

Je me prosterne devant vous, ô Père des miséricordes ! pour vous prier de répandre sur moi votre bénédiction sainte et la grâce de la sanctification. Acceptez le sacrifice que je vous fais de mon âme et de ses puissances, de mon corps et de mes sens, en union au sacrifice de votre divin Fils, que le prêtre vous offre. Je m'unis à la glorieuse Marie, toujours Vierge, et je la supplie d'intercéder pour moi auprès de vous, et de m'obtenir les grâces que je vous demande.

Je vous prie, mon Dieu, de protéger singulièrement votre Église, de la défendre contre ses ennemis visibles et invisibles, de réunir tous ses membres par les liens d'une immense charité, de l'étendre par la conversion des infidèles et des hérétiques, d'inspirer au souverain Pontife, à notre Prélat, et à tous ceux qui les aident à conduire votre troupeau, un zèle ardent pour votre gloire, une charité tendre, la science, la sagesse, la sainteté nécessaires pour éclairer et pour édifier tous les peuples.

Agréez, Seigneur, que je vous recommande particulièrement ceux avec qui votre providence m'a plus étroitement uni, mes parents, mes amis, mes bienfaiteurs, ceux sur qui vous m'obligez de veiller : conservez-les dans votre crainte et dans votre amour, que votre grâce leur apprenne à user saintement des biens de la terre, et à ne jamais perdre de vue ceux du ciel.

Ô Jésus ! vous allez descendre sur cet autel ; votre Sang adorable va de nouveau être répandu sur le calvaire mystérieux ;

donnez-moi d'en recueillir quelques gouttes pour purifier mon cœur et l'élever jusqu'à vous.

Après l'Élévation

Adorable Jésus, Fils unique du Père des miséricordes, charitable et puissant médiateur de mon salut, puisque le même amour qui vous a fait naître dans une crèche, vient encore de vous faire descendre sur cet autel, il n'est rien que je ne puisse espérer ; je sens ma confiance se ranimer par votre présence.

Non, mon Dieu, il n'est rien de si grand que je ne puisse me promettre de votre charité, en ce moment où Jésus, priant et s'immolant pour mon salut, détourne votre colère de dessus moi et m'attire vos saintes bénédictions. C'est donc en lui et pour lui que, tout pécheur que je suis, je vous présente mes humbles vœux avec une vive espérance d'être écouté favorablement.

Écoutez favorablement, ô mon Dieu ! l'humble prière que j'ose vous adresser en faveur des âmes que votre justice afflige dans le feu du purgatoire. Touché de la vertu de ce sacrifice que vous avez institué pour les morts aussi bien que pour les vivants, daignez appliquer à ces âmes souffrantes les trésors immenses de satisfaction qu'il contient. Répandez sur elles une goutte de ce précieux Sang qui vient de vous être offert afin que, purifiées par les mérites de l'ineffable victime, elles voient la fin désirée de leur exil.

Mais après qu'un pécheur, s'appuyant sur vos bontés et sur son divin Médiateur, n'a pas craint de vous prier pour ses frères, souffrez qu'il vous représente ses propres besoins.

Eh ! que dois-je vous demander, que puis-je désirer pour moi-même, sinon vous, ô le Dieu de mon cœur, mon seul bien pour le temps et pour l'éternité ! Venez donc, Seigneur, régnez dans mon âme pour la posséder tout entière ; venez par votre esprit, par votre amour, la remplir de vous-même, afin qu'elle n'ait jamais d'autre désir que celui de vous aimer et de vous servir uniquement.

Au Pater

Notre Père, qui régnez dans les cieux, venez régner dans mon âme, venez la sanctifier, la soumettre à votre volonté sainte, et la rendre docile aux inspirations de votre grâce, nourrissez-la de foi, d'espérance et d'amour.

Éteignez dans mon cœur tout sentiment de haine et de vengeance ; pardonnez-moi, comme je pardonne. Donnez-moi cette sagesse et cette force qui triomphent de toutes les tentations. Délivrez-moi de tous les maux qui m'accablent et me font gémir. Je viens à vous, comme un enfant vient à son père pour être nourri ; comme un malheureux à son défenseur pour être protégé ; comme un affligé à son unique ressource pour être consolé.

Communion spirituelle

Le moment approche pour l'âme pieuse de participer à la sainte victime du sacrifice. Moment précieux où le Dieu d'amour vient s'unir à la créature, par le plus ineffable et le plus prodigieux des mystères. Ô mon aimable Sauveur ! puisque je ne puis avoir aujourd'hui le bonheur de vous recevoir, souffrez que je recueille les miettes précieuses qui tombent de votre table, et que je m'unisse à vous par mes ardents désirs, et par un sacrifice complet de tout moi-même. Je le sais, ô mon Dieu, je ne mérite point le pain des enfants, mais loin de vous je ne puis vivre, mon âme est dans la sécheresse, et mon cœur dans l'abattement. Venez donc en moi, ô divin Jésus ! venez dans mon esprit pour l'éclairer de vos lumières, venez dans mon cœur pour l'embraser du feu de votre saint amour, et pour l'unir si entièrement au vôtre que je ne vive plus, mais que vous viviez en moi et que vous y régniez à jamais.

Après la Communion

Le sacrifice est accompli ; en ai-je recueilli les fruits salutaires ? Je l'espère, ô mon divin Sauveur ! Vous connaissez le fond de mon cœur, vous savez que je vous aime ! Oh ! Résidez désormais dans mon âme par votre grâce et par votre amour ; puisse cette communion spirituelle contribuer à mon avancement dans la vertu, et me rendre digne de vous recevoir bientôt et réellement dans le sacrement que vous nous avez laissé pour gage de la vie éternelle.

Intercédez pour moi, ô Mère de mon Dieu ! mon avocate et ma tendre Mère ; ange du Très-Haut, veillez sur moi ; et vous, les élus de Dieu, que l'Église m'a donnés pour protecteurs, employez votre puissant crédit, afin que les grâces que le Seigneur m'a faites, lui consacrent à jamais mon esprit, mon cœur et tout mon être.

A la Bénédiction

Auguste Trinité, puisque vous bénissez du haut de la gloire ceux que vos ministres bénissent sur la terre, que votre bénédiction descende sur moi, me suive et m'accompagne, afin que, me souvenant continuellement de vos bienfaits, je ne m'occupe qu'à vous témoigner ma juste reconnaissance.

Au dernier Évangile

Ô Verbe divin, lumière des hommes qui dissipez les ténèbres de notre intelligence, bannissez à jamais de mon cœur les ombres funestes du péché, dites que le soleil de justice brille, et il m'éclairera. Ordonnez que le jour subsiste, et rien ne sera capable de l'obscurcir. Mais à quoi me servira l'éclat de votre lumière, si je ne suis pas la route qu'elle me trace ? Quels secours tirerai-je de ce trésor de grâce que vous êtes venu m'apporter, si je le dissipe ? Un jour me suffira-t-il pour me faire oublier les sublimes effets de la charité de mon Dieu ? Ô Jésus ! qui êtes plein de grâce et de vérité, imprimez dans mon esprit la vertu qui éclaire, établissez dans mon cœur la grâce qui sanctifie, faites-moi trouver dans l'immutabilité de l'une et dans le secours continuel de l'autre un frein pour mon inconstance et un soutien pour ma faiblesse.

Mon Dieu je vais retourner à mes occupations ordinaires, mais c'est avec un cœur et un esprit tout nouveau que je m'y rends. Je ne chercherai plus qu'à vous plaire, vous serez le principe et la fin de toutes mes actions. Je m'efforcerai de montrer que ce n'est plus moi qui vis, mais que c'est vous qui vivez et agissez en moi.

2. Communion spirituelle toutes les fois que nous venons aux pieds des autels

Conseils pour la communion spirituelle de Bossuet[6]

Vous tâcherez de faire une communion spirituelle, vous y préparant par une confession intérieure en la présence de Dieu, auquel vous demanderez pardon, et produirez quelque acte de contrition. Excitez votre cœur à le recevoir chez vous d'une façon toute spirituelle ; après, vous l'adorerez profondément, et produirez des actes d'une vive foi de la présence sacramentelle de votre Dieu, avec lequel vous unirez les puissances de votre âme le plus intimement que vous pourrez ; et vous vous abandonnerez toute à lui, pour qu'il prenne une pleine possession de votre cœur, et qu'il en dirige tous les mouvements. Vous veillerez avec soin sur

---

[6] *Œuvres complètes de Bossuet*, tome 3, Paris, Lefèvre, Libraire-éditeur, 1836, p.506.

vous-même, pour vous conserver dans cette union avec le divin Époux ; et vous entretiendrez Jésus aussi familièrement, comme si vous aviez reçu les saintes espèces. Ainsi, vous pourrez, durant tout le jour, manger spirituellement Jésus, vous unissant intimement à lui avec de profonds actes d'adoration. Il ne faut point qu'il y ait obstacle en l'âme, si petit soit-il, pour rendre la communion spirituelle efficace.

Conseils pour la communion spirituelle de Mgr Mislin[7]

Prière

Venez à moi, vous tous qui travaillez et qui êtes chargés ; et je vous soulagerai. Ce sont là les paroles que vous nous adressez à nous tous, qui sommes si indignes de nous approcher de vous. Ô oui, Seigneur, nous sommes chargés, nous plions sous le poids

---

[7] Mgr Mislin, *Livre d'heures avec un choix d'autres prières*, Vienne, Henry Reiss éditeur, 1867, p.101-108.

de nos fautes sans nombre, et nous avons besoin d'être soulagés. Mais les plaies si hideuses, dont notre âme est toute meurtrie, nous défendent de nous approcher de celui qui est la sainteté et la beauté même. Et c'est vous, Seigneur, qui nous faites entendre ces douces paroles : *Venez tous à moi* ! Guérissez d'abord ces plaies, divin médecin de nos âmes, guérissez-les ; vous pouvez le faire d'une seule parole, vous êtes tout miséricordieux et tout puissant. Je déplore l'état dans lequel je me trouve par ma faute et ma très grande faute. J'ai péché tous les jours de ma vie ; j'ai abusé de toutes les faveurs que vous m'avez faites : mais je vous en demande sincèrement pardon, ô mon Dieu, et, avec le secours de votre grâce, je ne retomberai plus dans toutes ces fautes, qui m'ont éloigné de vous.

J'accours donc à votre appel, les anges et les saints tremblent en votre présence, et moi j'ose m'approcher de vous ! J'y viens avec confiance, brebis égarée que j'étais, mon bon Pasteur m'a appelée, je me mets sous sa protection pour toujours. Il me prend dans ses bras, il me presse sur son cœur. Ô, comme je me sens soulagé ! Je m'unis à vous par tous les liens de mon cœur, mon divin consolateur et mon maître ; faites que je ne me sépare plus jamais de vous.

Épanchez ici votre âme dans le cœur de Jésus selon l'inspiration de votre amour. Puis faites les prières suivantes.

Thomas a Kempis

Seigneur plein de tendresse et de bonté, que je désire recevoir en ce moment avec un pieux respect, vous connaissez mon infirmité et mes pressants besoins ; vous savez dans combien de maux et de vices je suis plongé, quelles sont mes peines, mes tentations, mes troubles et mes souillures.

Je viens à vous chercher le remède, pour obtenir un peu de soulagement et de consolation. Je parle à celui qui sait tout, qui voit tout ce qu'il y a de plus secret en moi, et qui seul peut me secourir et me consoler parfaitement. Vous savez quels biens me sont principalement nécessaires, et combien je suis pauvre en vertus.

Voilà que je suis devant vous, pauvre et nu, demandant votre grâce, implorant votre miséricorde. Rassasiez ce mendiant affamé, réchauffez ma froideur du feu de votre amour, éclairez mes ténèbres par la lumière de votre présence. Changez pour moi toutes les choses de la terre en amertume ; faites que tout ce qui m'est dur et pénible fortifie ma patience ; que je méprise et que j'oublie tout ce qui est créé, tout ce qui passe. Élevez mon cœur à vous et ne me laissez pas errer sur la terre.

Que, de ce moment et à jamais, rien ne me soit doux que vous seul, parce que vous seul êtes ma nourriture, mon breuvage, mon amour, ma douceur et tout mon bien.

Oh ! Que ne puis-je, enflammé, embrasé par votre présence, être transformé en vous, de sorte que je devienne un même esprit avec vous, par la grâce d'une union intime et par l'effusion d'un ardent amour !

Ne souffrez pas que je m'éloigne de vous sans être rassasié et désaltéré ; mais usez envers moi de la même miséricorde dont vous avez souvent usé avec vos saints, d'une manière si merveilleuse. Qui pourrait s'étonner qu'en m'approchant de vous je fusse entièrement consumé de votre ardeur, puisque vous êtes un feu qui brûle toujours et ne s'éteint jamais, un amour qui purifie les cœurs et qui éclaire l'intelligence ?

Louis de Grenade

Ô mon doux Seigneur ! Il ne suffit pas que vous m'ayez guéri et purifié de tous mes péchés ; j'ai encore besoin que vous veniez en moi et que vous y demeuriez, afin que votre présence me mette en sûreté.

Vous êtes mon Dieu, venez à moi ; vous êtes mon aimable Rédempteur, ayez pitié de moi ; vous êtes toute mon espérance, que votre main toute puissante me serve d'appui ; vous êtes ma force et mon salut, attachez-moi avec les liens de votre amour, et ne permettez pas que je me sépare de vous. Ô vie de ma vie ! sans laquelle je ne puis vivre, et après laquelle je soupire ; ô vie de ceux qui vivent véritablement, et vie de ceux qui vous aiment ! La nécessité qui me presse m'oblige de vous adresser ma prière : exaucez-moi.

Venez, mon Dieu, vous qui êtes toute ma force ; venez, ô mon unique espérance ! Prêtez l'oreille à ma voix, ouvrez la main de votre miséricorde pour me soulager dans mes besoins. Ô glorieux souverain Seigneur de toutes choses ! Ne dédaignez pas celui que vous avez créé à votre image, que vous gouvernez par votre Providence et que vous avez racheté par votre Sang. Seigneur, donnez-moi des yeux pour vous connaître, car il est impossible de vous bien connaître sans vous aimer. Je vous aime peu, ô mon Sauveur ! Parce que je vous connais peu. Venez donc à moi, ô mon plus riche trésor ! Venez, vous qui êtes le désir de mon âme ; venez, vous qui êtes la force et le soutien de ma vie. Vous êtes une fontaine d'une incomparable douceur, vous êtes la nourriture de mon

âme et la lumière de mon entendement. Éclairez cet aveugle qui implore votre assistance, rassasiez ce pauvre qui a faim, guérissez ce malade, donnez un vêtement à ce mendiant qui est nu, visitez ce prisonnier, rachetez cet esclave qui gémit sous l'empire d'autant de tyrans qu'il y a de passions qui l'environnent et de péchés qui l'oppriment. Vous avez commandé aux hommes, qui ne sont que pauvreté et misère, d'exercer les œuvres de miséricorde ; ne laissez pas, ô mon Dieu ! vous qui êtes un abîme de richesse et de bonté, de faire à mon égard ce que vous nous avez ordonné de faire envers les autres.
Ainsi soit-il.

Saint Augustin

Ô Jésus ! Douceur pleine d'amour, amour plein de douceur, donnez-vous à moi pour nourriture, afin que mes entrailles soient, pour ainsi dire, inondées de vos parfums.
Ô mon Dieu ! Mon amour, ma nourriture et ma joie, faites-moi croître en vous, afin que je puisse vous recevoir dans un cœur pur et sans tache. Vous êtes ma vie, mon

espérance, ma gloire. Possédez mon cœur, réglez mon esprit, dirigez mon intelligence, vivifiez mon amour et élevez mon âme jusqu'à vous. Que mon esprit ait soif de vous et qu'il puisse se rafraîchir à la source d'eau vive. Silence donc, ô mon âme ! Et, s'il se peut, oublions-nous un instant pour ne penser qu'à Jésus, ton Dieu, ton espoir et ton amour.
Ainsi soit-il.

Autres conseils pour la communion spirituelle[8]

Faites de tout votre cœur un acte de vraie contrition, et vous frappant humblement la poitrine, pour marquer que vous vous avouez indigne d'une si grande grâce, faites tous les actes d'amour, d'offrande, d'humilité et autres que vous avez coutume de faire lorsque vous vous approchez de la sainte table. Joignez-y le plus ardent désir de recevoir Jésus-Christ,

---

[8] *Règle de conduite pour les filles associées de l'instruction de la ville du Puy*, Puy, Imprimerie de P.B.F. Clet, 1834, p.93-94.

qui veut bien se voiler pour vous sous les espèces sacramentelles ; et pour ranimer votre dévotion, imaginez-vous que la sainte Vierge ou quelqu'un de vos saints patrons vient vous présenter la sainte hostie ; figurez-vous que vous la recevez réellement ; et tenant Jésus étroitement uni à votre cœur, répétez plusieurs fois et à diverses reprises, en termes dictés par l'amour :

Venez, mon Jésus, l'amour et la vie de mon âme, venez dans ce pauvre cœur ! Venez, et rassasiez mes désirs ; venez, et sanctifiez mon âme ; venez, ô très doux Jésus ! Venez.

Ensuite tenez-vous en silence, et regardez votre Dieu au-dedans de vous-même, et comme si vous aviez réellement communié ; adorez-le, remerciez-le et faites tous les actes ordinaires après la Communion.

Conseils pour la communion spirituelle du Père Pagani[9]

Réfléchissez sur la grandeur et la majesté du Dieu caché sous le voile des espèces eucharistiques ; appréciez, autant que vous le pouvez, l'amour et la bonté qui le portent à s'humilier ainsi pour s'unir à vous ; éclatez en expressions d'humilité et de désirs : d'humilité, à la pensée de votre indignité ; de désir, à la vue de l'excellence sublime de votre Dieu qui est en même temps votre Sauveur. Puis, regrettant de ne pas pouvoir vous unir à lui en réalité, donnez une libre carrière à tout ce que vous avez de tendres sentiments, et enchaînez-vous à lui par les doux liens d'un amour secret, doux et tranquille. Imaginez-vous qu'on vous présente la sainte hostie, que vous la receviez, et, embrassant cordialement votre Sauveur, adressez-lui vos protestations d'amour :

---

[9] Père J.B. Pagani, *L'âme dévote ou considérations et aspirations avant et après la sainte Communion*, traduit de l'anglais par les abbés C. Stein et R. Roy, J. B. Pélagaud et Cie, Imprimeurs-libraires de Notre Saint Père le Pape, 1855, p. 390-391.

« Venez, venez, mon aimable Jésus, prendre possession de mon cœur, satisfaire à ses désirs et me sanctifier ! Mon doux Jésus, venez !!! »

Contemplez ensuite avec l'œil de la foi votre Dieu au-dedans de vous ; louez, remerciez, demandez ; vous aurez recueilli des fruits abondants et vous n'en serez que mieux disposé à la communion sacramentelle, où la délicieuse jouissance de la réalité viendra sourire aux pieux soupirs de l'espérance.

Conseils pour la pratique de la communion spirituelle[10]

Pendant votre visite au Saint-Sacrement, pendant la sainte Messe, recueillez-vous profondément, faites un acte de foi sur la présence réelle de Jésus-Christ, un acte d'amour en vous repentant de vos péchés, un acte de désir en invitant Jésus-Christ à

---

[10] *Le livre de piété de la jeune fille*, 326ème édition, ouvrage ayant reçu la bénédiction du Pape Pie IX, Avignon, Aubanel frères éditeur, p.528.

venir dans votre âme, puis imaginez-vous que Marie elle-même vient déposer l'hostie consacrée sur vos lèvres.

« Si mon confesseur ne m'avait appris cette manière de communier, je n'aurais pu vivre, » disait la bienheureuse Angèle de la Croix ; et elle faisait, jour et nuit, de fréquentes communions spirituelles.

Conseils pour faire la communion spirituelle du Père Scupoli[11]

Quoique vous ne puissiez pas communier réellement plus d'une fois en un jour, vous le pourrez faire spirituellement, comme j'ai déjà dit, à toute heure ; il n'y a que votre seule négligence, ou quelque semblable défaut, qui puisse vous priver de cet avantage. Or il est à remarquer que la communion spirituelle est quelquefois plus utile à l'âme, et plus agréable à Dieu, que plusieurs communions sacramentelles

---

[11] Père Laurent Scupoli, (traduit en français par le P.J. Brignon, jésuite) *Le combat spirituel*, Tours, Mame, 1851, p. 220-222.

faites sans beaucoup de préparation et avec tiédeur. Lors donc que vous serez disposé à cette espèce de communion, le Fils de Dieu sera toujours prêt à se donner spirituellement à vous pour être votre nourriture.

Quand vous voudrez vous y préparer, vous tournerez d'abord votre pensée vers votre Seigneur ; et ayant fait quelques réflexions sur la multitude de vos offenses, vous lui en témoignerez une sincère douleur.

Ensuite vous le prierez, avec un profond respect et avec une foi vive, de daigner venir dans votre âme, d'y répandre de nouvelles grâces pour la guérir de ses faiblesses et pour la fortifier contre la violence de ses ennemis. Toutes les fois que vous pourrez mortifier quelqu'une de vos passions, ou faire quelque acte de vertu, servez-vous de cette occasion pour préparer votre cœur au Fils de Dieu, qui vous le demande sans cesse ; puis, vous adressant à lui, priez-le, avec beaucoup de ferveur, de venir à vous comme un médecin pour vous guérir, comme un protecteur pour vous défendre, afin que rien ne l'empêche désormais de posséder tout votre cœur.

Souvenez-vous en même temps, de votre dernière communion sacramentelle ; et, tout embrasé de l'amour de votre Sauveur, dites-lui : « Quand me sera-t-il permis, ô mon Dieu, de vous recevoir encore ? Quand viendra cet heureux jour ? »

Si vous voulez communier en esprit avec plus de dévotion, préparez-vous-y dès le soir ; et, dans toutes vos mortifications, dans tous les actes de vertu que vous ferez, ne vous proposez autre chose que de vous mettre en état de bien recevoir spirituellement Notre-Seigneur.

Le matin, à votre réveil, appliquez-vous à considérer quel avantage c'est pour une âme de communier dignement, puisque par là elle recouvre les vertus qu'elle a perdues, elle revient à sa première pureté, elle se rend digne de participer aux fruits de la Croix, elle fait une action très agréable au Père Éternel, qui souhaite que tous jouissent de ce divin Sacrement.

Tâchez ensuite d'exciter en votre cœur un vif désir de le recevoir, pour plaire à celui qui veut se donner à vous ; et, dans cette disposition, dites-lui :

« Seigneur, puisqu'il ne m'est pas permis de vous recevoir aujourd'hui réellement, faites au moins, par votre bonté et par votre toute puissance, que, purifié de toutes mes taches et guéri de toutes mes plaies, je mérite de vous recevoir en esprit maintenant, chaque jour, et à chaque heure du jour, afin qu'étant fortifié par des grâces toujours nouvelles, je résiste courageusement à mes ennemis, surtout à celui auquel, pour l'amour de vous, je fais particulièrement la guerre. »

Prière de Saint Augustin pour la communion spirituelle[12]

Vous nous avez faits pour vous, ô mon Dieu ! et notre cœur sera toujours dans le trouble et dans l'inquiétude tant qu'il ne se reposera pas en vous. Que ferai-je donc pour vous trouver, ô vous qui êtes ma vraie vie ? Quand trouverai-je l'oubli de mes maux dans la douceur de votre présence ? Quand me serez-vous tout en toutes choses, ô ma miséricorde et mon unique bien ?

Je vous invoque, ô vous qui m'avez fait et qui ne m'avez pas oublié, alors que j'ai fui loin de vous. Ma foi vous invoque, ô mon Dieu ! Cette foi que vous m'avez donnée ; et je vous appelle dans mon âme, que vous préparez à vous recevoir par l'ardent désir que vous lui donnez de vous posséder.

Voilà que j'expose devant vous toutes mes misères : ô céleste médecin, guérissez-moi ; ô lumière invisible, éclairez-moi ; ô

---

[12] *Exercices de Piété à l'usage des Maisons de la Compagnie de Sainte Ursule*, Tours, Cattier Libraire-éditeur, 1871, p.159-160.

force divine, relevez-moi ; Jésus, fils de David, ayez pitié de mon âme ! Agitée de mille pensées tumultueuses, fatiguée par d'insatiables désirs, brisée par les vanités et les angoisses de cette terre de douleur, elle a faim, elle a soif : ne la laissez pas altérée ; ne la renvoyez pas à jeun ; nourrissez-la du Pain de Vie.

Ô mon divin Consolateur ! Vous dont un seul regard sèche toutes les larmes, vous dont une seule parole apaise le courroux de la mer, venez et marchez sur les flots de mon cœur. Venez, pour qu'une paix tranquille succède à ses orages ; venez, pour que me réfugiant à l'ombre de vos ailes, je puisse incliner sur votre sein ma tête fatiguée, et m'y reposer un peu !

Ô mon Dieu, laissez mon cœur s'approcher de vous, et disposez-le à vous entendre. Ouvrez son oreille secrète, et dites-lui, mais dites-lui de telle sorte qu'il le comprenne : *Je suis ton salut*. Qu'à ces paroles je coure vers vous, que je vous trouve, que je vous aime, que je m'attache à vous pour jamais !

Venez, ô Seigneur Jésus ! Venez combler les désirs de mon âme ; venez, et ne tardez pas.

Prière de Saint Alphonse de Liguori pour la communion spirituelle[13]

Je crois, ô mon Jésus, que vous êtes dans le Saint-Sacrement. Je vous aime par-dessus toutes choses, et je vous désire de toute mon âme. Puisque je ne puis maintenant vous recevoir dans le Saint-Sacrement, descendez au moins spirituellement dans mon cœur. Je vous embrasse et je m'unis à vous tout entier, comme si vous étiez déjà venu dans mon âme ; ne permettez pas que j'aie le malheur de me séparer jamais de vous.

---

[13] Saint Alphonse de Liguori, *Œuvres complètes*, publiées sous la direction des abbés Vidal, Delalle et Bousquet, tome 4, Paris, Parent-Desbarres éditeur, 1935, p. 238.

Communion spirituelle du Père Justin Etchevary [14]

Mon Sauveur Jésus-Christ, je crois que vous êtes réellement dans le Saint-Sacrement de l'autel ; je vous y adore, et je vous aime de tout mon cœur. Que je voudrais vous recevoir dans ce Sacrement adorable où vous vous donnez tout entier ! Je ne mérite pas même d'être uni à vous par les liens mystérieux de la communion spirituelle ; mais enlevez de moi tout ce qui peut vous déplaire, oubliez mes infidélités ; je m'en repens par amour pour vous ; dites une parole, et mon âme sera guérie.

Venez, mon Bien-Aimé, venez répondre aux désirs de mon cœur !

Ah ! Seigneur, vous êtes à moi, et je suis à vous !

Merci, mon Jésus ! Désormais plutôt mourir que de cesser de vous aimer. Ne

---

[14] Père Justin Etchevary, *La Communion spirituelle*, Librairie catholique de Périsse Frères, 1863. p.39-40.

permettez pas que je me sépare jamais de vous !

Prière de l'Abbé Baudrand pour la communion spirituelle [15]

Que mon cœur désire ardemment, ô mon Dieu ! de vous recevoir aujourd'hui, et de s'approcher de vos saints mystères. Que puis-je désirer en ce monde, que de m'unir à vous, ô source de vie ! Mais puisque mes occupations, ma situation y mettent obstacle, du moins, elles n'en mettront point au désir sincère et ardent qu'en forme mon cœur.

Distributeur souverain des grâces, vous les accordez en tout temps et de toutes manières : venez donc dans mon cœur, qui s'ouvre à vous pour vous recevoir du moins spirituellement ! Heureux ceux qui peuvent en ce jour participer au sacrement

---

[15] Abbé Baudrand, *L'âme embrasée de l'amour divin par son union aux sacrés cœurs de Jésus et de Marie*, Paris, imprimerie Gauthier, 1834, p. 155. (Quelques modifications légères ont été faites pour moderniser le texte en français contemporain)

de votre divin amour ! je ne mérite pas leur bonheur, mais je désire ardemment d'avoir part aux sentiments qu'ils vous offrent et aux faveurs que vous leur accordez : je m'unis d'esprit et de cœur avec eux, pour vous rendre toute la gloire dont nous sommes capables.

Venez donc dans mon âme pour être ma consolation, ma force et mon soutien dans cette vallée de larmes, où je gémis éloigné de vous ; je soupire à tous les moments après le bonheur d'être à vous, et de former cette union sainte, cette union divine de mon cœur avec votre Cœur ; elle sera le gage de l'union éternelle à laquelle vous appelez tous les cœurs.

Acte d'amour pour servir à la communion spirituelle[16]

Venez à moi, ô Jésus, afin que, d'une manière plus intime et plus affectueuse, je puisse vous dire que je vous aime.

Je vous aime d'un amour de *préférence* qui vous met dans mon cœur au-dessus de tout : plaisirs, honneurs, richesses, vie, trésors du ciel et de la terre. Rien, rien ne vaut votre amour !

Je vous aime, ô mon Dieu, d'un amour de *complaisance* qui se réjouit et se complaît à penser à vos grandeurs, à vos charmes, à vos perfections infinies !

Je vous aime, ô mon Dieu, d'un amour d'*union* qui ne me laisse qu'un seul désir, celui d'être unie à vous d'esprit, de cœur, de volonté, pendant le temps et l'éternité toute entière !

Je vous aime, ô mon Dieu, d'un amour de *désir* qui me fait soupirer après vous, et qui

---

[16] *Le livre de piété de la jeune fille*, 326ème édition, ouvrage ayant reçu la bénédiction du Pape Pie IX, Avignon, Aubanel frères éditeur, p. 528-529.

me fait trouver longues, bien longues, ces heures qui me restent encore à passer loin du Ciel !

Je vous aime, ô mon Dieu, d'un amour d'*oblation* qui me porte à vous consacrer d'une manière irrévocable tout ce que je sais, tout ce que j'ai, tout ce que plus tard je pourrais avoir !

Je vous aime ô mon Dieu, d'un amour de *conformité* qui unit ma volonté à la vôtre, de telle sorte que je ne puis vouloir que ce que vous voulez, et je ne puis désirer que ce que vous permettez !

Je vous aime, ô mon Dieu, d'un amour d'*expansion* qui me porte à aimer tout le monde à cause de vous, à respecter tout le monde à cause de vous, à chercher par tous les moyens possibles à vous faire aimer de tous !

Ô Jésus ! Jésus ! Venez donc dans mon cœur, et cet amour que je sens, cet amour que je désire, augmentez-le, fortifiez-le, rendez-le éternel !

Communion spirituelle du Cardinal Merry del Val[17]

A vos pieds, mon Jésus, je me prosterne, et je vous offre le repentir de mon cœur contrit qui s'abîme dans son néant et dans votre sainte présence. Je vous adore dans le Sacrement de votre Amour, l'ineffable Eucharistie : je désire vous recevoir dans la pauvre demeure que vous offre mon âme. En attendant le bonheur de la communion sacramentelle, je veux vous posséder en esprit. Venez à moi, car je viens à vous, ô mon Jésus ! et que votre amour enflamme tout mon être pour la vie et pour la mort. Je crois en vous, j'espère en vous, je vous aime.
Ainsi soit-il.

---

[17] Acte de communion spirituelle composée par le cardinal Merry del Val, source : site internet dominicainsavrille.fr

Communion spirituelle du Padre Pio[18]

« Mon Jésus, je crois que vous êtes ici présent dans le Saint-Sacrement. Je vous aime par-dessus toutes choses et je désire ardemment vous recevoir. Mais puisque, en ce moment, je ne peux le faire sacramentellement, venez au moins spirituellement dans mon cœur. Comme si vous y étiez déjà présent, je vous adore et je m'unis entièrement à vous ; ne permettez pas que je me sépare jamais de vous. Jésus, mon bien, mon doux amour, enflammez mon cœur d'amour, afin qu'il brûle toujours d'amour pour vous. Chérubins, Séraphins qui adorez Jésus au Saint-Sacrement, nuit et jour, priez pour nous et donnez-nous la sainte bénédiction de Jésus et de Marie. Au Nom du Père et du Fils et du Saint-Esprit. Amen. »

---

[18] Cité dans un article de l'abbé Spriet, dans le mensuel La Nef, novembre 2019

3. Communion spirituelle à tout moment de la vie

On trouvera ici de courtes prières pour la communion spirituelle. Les formules sont brèves, afin de pouvoir être dites plus facilement à tout moment de la journée ou de la nuit.

Communion spirituelle de Saint François de Sales[19]

Mon Seigneur Jésus-Christ, faites que mon âme soit tout absorbée par la douceur et par l'ardeur de votre amour, afin que je meure pour l'amour de votre amour, puisque vous avez daigné mourir pour l'amour de mon amour.

---

[19] *Nouveau formulaire de prières dédié aux enfants de Marie*, Gand, Vanryckegem-Lepère imprimeur, 1853, p. 273.

Communion spirituelle de Saint Alphonse de Liguori [20]

Je crois, ô Jésus, à votre présence dans le Saint-Sacrement. Je vous aime et vous désire ; venez dans mon cœur. Je vous embrasse ; ne vous séparez plus de moi.

Communion spirituelle du « saint homme de Tours », le vénérable Léon Papin-Dupont [21]

« Pour conserver la ferveur dans le service de Dieu, il est à propos de faire souvent la communion spirituelle […] Qu'il est consolant, en effet, de pouvoir, nuit et jour, même au milieu de nos occupations, demander à Notre-Seigneur de ne pas attendre l'heure de la communion sacramentelle pour se donner à nous ! »

---

[20] Saint Alphonse de Ligori, *Œuvres complètes*, publiées sous la direction des abbés Vidal, Delalle et Bousquet, tome 4, Paris, Parent-Desbarres éditeur, 1935, p. 238.
[21] Vénérable Léon Papin-Dupont, *Le petit jardin céleste,* pensée n°313, p. 96.

Mon Seigneur Jésus-Christ, venez en moi ; je vous désire et je m'attache à vous, demeurons ensemble toujours.

Communion spirituelle[22]

Je vous crois présent dans votre Sacrement, ô Jésus ! Je vous aime, je vous désire ; venez dans mon cœur ; je m'attache et m'unis à vous. Ô bon Sauveur ! Ne vous séparez jamais de moi.

Autre communion spirituelle[23]

Pour préparation, dites trois fois, avec un vif repentir : *Agneau de Dieu, qui effacez les péchés du monde, ayez pitié de moi.* Pour attirer en vous Notre-Seigneur, dites de toute l'affection de votre cœur : *Venez, Seigneur Jésus, je désire ardemment vous recevoir.* Oh !

---

[22] *Nouveau formulaire de prières dédié aux enfants de Marie*, Gand, Vanryckegem-Lepère imprimeur, 1853, p. 273.
[23] *Nouveau formulaire de prières dédié aux enfants de Marie*, Gand, Vanryckegem-Lepère imprimeur, 1853, p. 273.

Qu'il est doux de s'unir à vous ! Pour action de grâces, un acte d'amour, et le Gloria Patri (Gloire au Père), avec toute l'ardeur des Séraphins.

TROISIEME PARTIE

Méditations eucharistiques de Saint Pierre-Julien Eymard

Le recueillement, âme de la vie d'adoration[24]

1. La vertu caractéristique et dominante d'un adorateur doit être la vertu de recueillement, par laquelle il domine et gouverne, sous l'œil de Dieu et par le mouvement de sa grâce, ses sens et son âme…

L'âme recueillie est comme le pilote qui, avec son petit gouvernail, dirige un très grand vaisseau comme il veut ; elle est comme le miroir d'une eau calme et pure, où Dieu se mire avec délices ; elle est comme le miroir d'argent où Dieu se photographie en quelque sorte dans l'éclat de sa lumière, que réfléchit si bien une âme recueillie à ses pieds.

---

[24] Saint Pierre-Julien Eymard, *La divine Eucharistie, 2ème série, La sainte communion*, p. 289-291, Paris, Desclée, De Brouwer et Cie, 1885.

Qu'elle est heureuse, cette âme bien-aimée ! Elle ne perd pas un mot de Dieu, pas un souffle de sa voix, pas un regard de ses yeux.

Travaillez donc à acquérir ce précieux état sans lequel vos travaux et vos vertus seraient comme un arbre sans racines et une terre sans eau...

Chaque état de vie a sa mesure et sa condition de bonheur. Celui-ci le trouve dans la pénitence, celui-là dans le silence, un autre dans le zèle. Pour les adorateurs, il n'est que dans le saint recueillement en Dieu : comme l'enfant n'est heureux que dans le sein de sa famille chérie, comme l'élu l'est au Ciel dans le sein de Dieu.

2. Mais comment acquérir et conserver le saint recueillement ? – Commencez par fermer les portes et les fenêtres de votre âme : se recueillir, c'est se ramasser du dehors au-dedans en Dieu ; faire un acte de recueillement, c'est se mettre tout entier à la disposition de Dieu ; avoir

l'esprit de recueillement, c'est y vivre avec plaisir.

Mais le recueillement n'a pas seulement besoin de vivre par la grâce, il demande encore à voir un centre divin. L'homme n'est pas fait pour demeurer dans le bien qu'il fait : ce serait une idolâtrie de ses œuvres ; les vertus ne doivent pas faire sa fin principale non plus ; elles sont un chemin : on le suit, mais on n'y fait pas sa demeure. L'amour lui-même ne peut être centre qu'autant qu'il unit à l'objet bien-aimé ; autrement il languit et souffre comme l'épouse des Cantiques qui cherchait, désolée, le Bien-aimé de son cœur.

C'est donc en Jésus, et en Jésus tout bon et tout aimable, que vous devez placer le centre de vie de votre recueillement parce qu'en lui seul vous trouverez la liberté sans entraves, la vérité sans nuage, la sainteté dans sa source : c'est bien à vous surtout, qui voulez vivre de l'Eucharistie, que Jésus-Christ a dit : « Celui qui mange ma chair et boit mon sang demeure en moi, et je demeure en lui... »

Remarquez que Jésus demeure en nous à raison de ce que nous demeurons en lui, bien que ce soit lui qui nous attire à cette union, qui nous en donne le désir, qui nous saisisse et nous attire, se contentant que nous l'aidions par nos faibles efforts. Voilà donc la puissance et la force du saint recueillement : c'est une demeure mutuelle, une société divine et humaine qui s'établit dans notre âme, dans notre intérieur, avec Jésus-Christ présent en nous par son esprit.

3. Car quel est le lieu de l'union de Jésus avec nous ?

C'est en nous que s'opère cette mystique alliance. L'union se fait, elle s'exerce en Jésus présent en moi. Rien de plus certain : « Si quelqu'un m'aime, il gardera ma parole, et mon Père l'aimera, et nous viendrons à lui, et nous ferons en lui notre demeure. » Et l'Esprit de Jésus habite en nous comme dans son temple ; il nous a été donné pour demeurer toujours avec nous. Aussi l'*Imitation* dit-elle : *Eia, anima fidelis, praepara huic sponso cor tuum quatenus ad te venire et in te habitare dignetur* ; « Allons, âme fidèle, préparez votre cœur afin que votre époux vienne en vous et y établisse sa demeure. »

Pourquoi Notre-Seigneur a-t-il choisi l'intérieur de l'homme comme centre de son union avec lui ?

Afin de forcer l'homme à rentrer chez lui. L'homme se fuyait comme on fuit un coupable, comme on craint une prison, car l'homme est tout cela ; il a honte et horreur de lui-même ; voilà pourquoi il s'attache à tout ce qui est extérieur. Mais par cette fuite loin de son cœur, Dieu se trouve abandonné de sa créature, qu'il n'a faite que pour être son temple et le trône de son amour. Dans cette condition, Dieu ne peut travailler en l'homme ni avec l'homme. Afin donc de l'obliger à rentrer dans son âme, Dieu vient en lui, parle à son cœur et non à ses oreilles ; il vient à nous sacramentellement pour vivre en nous spirituellement ; le Sacrement est l'enveloppe qui le renferme : elle se déchire et donne à notre âme la très sainte

Trinité : comme l'éther renfermé dans une globule se répand dans l'estomac après avoir brisé son enveloppe sous l'action de la chaleur naturelle. Jésus-Christ veut donc faire de l'intérieur de l'homme son vrai temple, afin que l'homme n'ait pas un long chemin à parcourir pour aller chez son Seigneur, mais qu'il le trouve facilement et toujours à sa disposition, comme son maître, son modèle et sa grâce ; afin qu'il n'ait qu'à se recueillir en lui-même en Jésus : de sorte qu'à tout instant l'homme recueilli peut lui offrir l'hommage de ses actes, le sentiment d'amour de son cœur, le regarder de ce regard qui dit tout et donne tout. Car ces paroles de l'Imitation sont la parfaite expression de cette vie de recueillement intérieur : *Frequens illi visitatio cum homine interno dulcis sermocinatio, grata consolatio, multa pax et familiaritas stupenda nimis* : « Jésus visite souvent l'homme intérieur ; il lui parle fréquemment, le console amoureusement, entretient avec lui une familiarité inconcevable. »

Est-il possible que Dieu poursuive ainsi une âme ! Qu'il se mette ainsi à sa disposition, qu'il demeure dans un corps si vil, dans une âme si terrestre, si misérable, si ingrate ! Et cependant, c'est divinement vrai !

4. Mais comment alimenter et perfectionner le saint recueillement ? Comment vivre d'amour ? De la même manière qu'on conserve le feu, la vie du corps, la lumière : en leur donnant toujours un aliment nouveau.

Il faut fortifier l'homme intérieur qui est Jésus-Christ en nous, le concevoir, le faire naître et grandir par toutes les actions, les lectures, les oraisons, les travaux, par tous les actes de la vie ; mais pour cela, il faut renoncer entièrement à la personnalité d'Adam, à ses vues, à ses désirs, et vivre sous la dépendance de Jésus présent en notre intérieur : il faut que l'œil de notre amour soit toujours ouvert sur Dieu en nous : que nous fassions à Jésus l'hommage affectueux de chaque plaisir comme de chaque souffrance, que nous ayons dans le cœur le doux sentiment de sa présence comme de celle d'un ami que l'on ne voit pas, mais que l'on sent près de soi. Contentez-vous de ces moyens pour l'ordinaire ; ils sont les plus simples ; ils vous laisseront votre liberté d'action et l'attention à vos devoirs ; ils formeront comme une douce atmosphère dans laquelle vous vivrez et travaillerez avec Dieu : que la fréquence des élans d'amour, des oraisons jaculatoires, des cris de votre cœur vers Dieu présent en vous, finisse par vous rendre la pensée et le sentiment de sa présence comme tout naturels.

5. Mais d'où vient que le recueillement est si difficile à acquérir et si pénible à conserver ?

Un acte d'union est très facile, mais une vie continuelle d'union très difficile. Hélas ! Notre esprit a souvent la fièvre et il divague ; notre imagination nous échappe, nous amuse et nous égare ; nous ne sommes pas avec nous-mêmes ; les travaux de l'esprit ou du corps nous réduisent à un état d'esclavage ; la vie extérieure nous entraîne ; nous sommes si impressionnables à la moindre occasion ! Et alors c'est une déroute ! Voilà pourquoi nous avons tant de peine à nous ramasser autour de Dieu.

Pour assurer donc la paix de votre recueillement, nourrissez votre esprit d'une vérité qu'il aime, qu'il désire connaître, et vous l'occuperez ainsi comme un écolier ; donnez à votre imagination un aliment sain et en rapport avec ce à quoi vous vous occupez, et vous la fixerez : si cependant le simple sentiment du cœur vous suffisait pour tenir en paix votre esprit et votre imagination, laissez-les tranquilles et ne les réveillez pas.

Souvent aussi Dieu nous donne une onction de grâce, un recueillement si suave, qu'il déborde et se répand jusque sur les sens : c'est comme un charme divin ; faites bien attention alors de ne pas sortir de cette contemplation, de cette douce paix : restez dans votre cœur, car c'est là seulement que Dieu réside et fait entendre sa voix. Quand vous sentirez cette grâce sensible tomber, disparaître peu à peu, retenez-la par des actes positifs de recueillement : appelez votre esprit à votre secours, nourrissez votre pensée de quelque vérité divine, afin d'acheter par la vertu de recueillement ce que Dieu avait commencé en vous par la suavité de sa grâce.

N'oubliez jamais que la mesure de votre recueillement sera la mesure de votre vertu, et la mesure de la vie de Dieu en vous.

L'Eucharistie centre du cœur[25]

1. Le cœur de l'homme a besoin d'un centre d'affection et d'expansion. En créant le premier homme, Dieu dit en effet, *Il n'est pas bon que l'homme soit seul : faisons-lui une compagne semblable à lui.*

Et l'Imitation dit aussi : *sans un ami, vous ne sauriez vivre heureux.*

Eh bien, Notre-Seigneur au Très Saint-Sacrement veut être le centre de tous les cœurs, et il nous dit : *Demeurez dans mon amour.*

Demeurez en moi.

Qu'est-ce que demeurer dans l'amour de Notre-Seigneur ? C'est faire de cet amour qui vit en l'Eucharistie, son centre de vie,

---

[25] Saint Pierre Julien Eymard, *La divine Eucharistie*, Première série, 9ème édition, Paris, Bureau des Œuvres eucharistiques, p.183-189.

le centre unique de sa consolation ; dans les peines, dans les chagrins, dans les déceptions, dans ces moments où le cœur se livre avec plus d'abandon, c'est se jeter dans le Cœur de Jésus. Il nous y invite : *Venez à moi, vous tous qui êtes accablés, et je vous soulagerai.*

Dans la joie, c'est rapporter le bonheur à Notre-Seigneur : car c'est une délicatesse d'ami que de ne vouloir se réjouir qu'avec son ami.

C'est faire de l'Eucharistie le centre de ses désirs : « Seigneur, je ne veux cela que si vous le voulez ; je ferai cela pour vous faire plaisir. »

C'est aimer à surprendre Notre-Seigneur par un don, un petit sacrifice.

C'est vivre par l'Eucharistie : se guider dans ses actions par sa pensée, se faire une loi invariable de préférer à tout son bon service.

Hélas ! Jésus-Eucharistie est-il bien notre centre ?

Peut-être dans les peines extraordinaires, dans les prières très ferventes, les besoins urgents ; mais dans l'ordinaire de la vie, pensons-nous, délibérons-nous, agissons-nous en Jésus comme en notre centre ?

Pourquoi Notre-Seigneur n'est-il pas mon centre ?

Parce qu'il n'est pas encore le moi de mon moi ; parce que je ne suis pas encore entièrement sous sa domination, sous l'inspiration de son bon plaisir ; parce que j'ai des désirs en rivalité avec les désirs de Jésus en moi.

Il n'est pas tout en moi ! Et cependant un enfant travaille pour ses parents, l'ange pour son Dieu : je dois donc travailler pour Jésus-Christ, mon Maître.

Que faire ? Y entrer, en ce centre, y demeurer, y agir. Non par le sentiment de sa douceur, qui ne dépend pas de moi, mais par des retours fréquents, l'hommage de chaque action. Allons ! ô mon âme, sors du monde, sors de toi-même, quitte-toi. Va vers le Dieu de l'Eucharistie. Il a une demeure pour te recevoir, il te veut ; il veut vivre avec toi, vivre en toi. Sois donc en Jésus présent en ton cœur, vis du cœur, vis en la bonté de Jésus-Eucharistie.

Travaille, ô mon âme, sur Notre-Seigneur en toi, et ne fais rien que par lui.

Demeure en Notre-Seigneur ; demeure en lui par un sentiment de dévouement, de sainte joie, de promptitude à tout ce qu'il te demandera. Demeure dans le cœur et la paix de Jésus-Eucharistie.

2. Ce qui me frappe, c'est que ce centre de l'Eucharistie est caché, invisible, tout intérieur : et cependant il est très vrai, très vivant, très nourrissant.

Jésus attire spirituellement l'âme en l'état tout spiritualisé qu'il a au Sacrement.

Quelle est, en effet, la vie de Jésus au Très Saint-Sacrement ? Elle est toute cachée, toute intérieure.

Il y cache sa puissance, sa bonté ; il y cache sa divine personne.

Et toutes ses actions, toutes ses vertus, prennent ce caractère simple et caché.

Il demande le silence autour de lui. Il ne prie plus son Père avec soupirs, avec cris, comme au Jardin des Oliviers, mais par son propre anéantissement.

De l'hostie s'échappent toutes les grâces : Jésus sanctifie le monde de son Hostie, mais d'une manière invisible et spirituelle.

Il gouverne le monde et l'Église sans quitter son repos ni sortir de son silence.

Tel doit être le royaume de Jésus, tout intérieur ; il faut que je me ramasse autour de Jésus : mes facultés, mon intelligence et ma volonté ; mes sens, autant que possible ; il faut que je vive de Jésus et non de moi, en Jésus et non en moi ; il faut que je prie avec lui, que je m'immole avec lui, que je me consume dans un seul amour avec lui ; il faut que je devienne en lui une seule flamme, un seul cœur, une seule vie.

Et l'aliment de ce centre n'est pas autre chose que l'*egredere* d'Abraham : c'est le dépouillement, l'abandon du dehors, l'écoulement au-dedans, la perte en Jésus. Et cette vie est plus agréable à son Cœur, honore davantage son Père : Notre-Seigneur la désire ardemment. Aussi il me dit : *Sors de toi, viens dans la solitude avec moi, et je te parlerai au cœur, seul à seul.*

Ah ! c'est que cette vie en Jésus est l'amour de préférence ; c'est le don de soi, c'est le travail de l'union. Par là on prend racine, on prépare la nourriture, la sève de l'arbre. *Regnum Dei intra vos est* : Le royaume de Dieu est en vous.

3. Et il n'y a pas d'autre centre que Jésus, et Jésus Eucharistie.

Il nous dit : *Sans moi vous ne pouvez rien faire.* Lui seul donne la grâce : il s'en réserve la disposition pour nous obliger à la lui demander et aller à lui.

Par là il veut établir et alimenter l'union avec nous, il se réserve la consolation, la paix, afin que dans la peine, dans la guerre, nous nous réfugions en lui. Il veut être le seul bonheur du cœur. Il n'a mis ce centre de repos en rien autre qu'en lui : *Manete in me ;* et pour qu'il ne nous manque jamais quand nous le cherchons, il est toujours à notre service, toujours prêt, toujours aimable.

Il nous attire sans cesse vers lui : la vie de l'amour n'est que cette attraction continuelle de nous à lui.

Hélas ! que ce centre est encore faible en moi ! Que mes aspirations envers Jésus sont encore mélangées, rares, interrompues souvent pendant de longues heures ! Et cependant Jésus me le répète : *Celui qui m'aime demeure en moi et je demeure en lui.*

Foi [26]

1. Notre-Seigneur veut que nous nous rappelions tout ce qu'il a fait pour nous sur la terre, et que nous honorions sa présence au très saint-Sacrement par la méditation de tous les mystères de sa vie.

Pour nous rappeler plus vivement le mystère de la Cène, il ne nous a pas donné seulement le récit des Évangélistes, mais un souvenir vivant, personnel : lui-même, sa personne adorable.

Et, bien que Notre-Seigneur soit au milieu de nous, nous ne pouvons pas le voir, ni nous représenter comment il est dans l'Eucharistie.

Cependant Notre-Seigneur a souvent apparu ; pourquoi n'a-t-il pas permis qu'on gardât des portraits de ces augustes apparitions ?

---

[26] Saint Pierre Julien Eymard, *La divine Eucharistie*, Première série, La Présence réelle, 9ème édition, Paris, Bureau des Œuvres eucharistiques, p. 134-138.

Ah ! Notre-Seigneur sait bien qu'en définitive tous les portraits ne serviraient qu'à nous faire oublier la réalité de sa présence actuelle sous les saints voiles de l'Eucharistie.

Mais quoi ! si je voyais, n'aurais-je pas plus de foi ? Est-ce que l'on n'aime pas mieux ce que l'on voit ?

Oui, les sens peuvent confirmer ma foi chancelante ; mais Notre-Seigneur ressuscité ne veut pas que nos sens corrompus l'atteignent, il demande une foi pure.

Il n'est pas corps seulement, mais âme aussi. Il ne veut pas être aimé comme les corps ; il veut que nous allions jusqu'à son âme avec notre esprit et avec notre cœur, sans le découvrir par les sens.

Du reste, Notre-Seigneur, bien que véritablement présent au Saint-Sacrement en corps et en âme, y est à la manière des esprits ; les esprits ne s'analysent pas et ne se dissèquent pas ; les sens ne peuvent les atteindre.

2. D'ailleurs pourquoi nous plaindre ? Notre-Seigneur a su tout concilier ; les saintes espèces ne le touchent pas ; elles ne sont pas une partie de lui-même ; cependant elles sont inséparablement unies à la personne de Notre-Seigneur ; elles sont la condition de sa présence, elles nous disent où il est : elles le localisent. Notre-Seigneur aurait pu prendre une manière d'être purement spirituelle, et alors comment le trouver ? où le chercher ?

Remercions-le, ce bon Sauveur ! Il n'est pas caché, il n'est que voilé ; une chose cachée, on ne sait pas où elle est, elle est comme n'existant pas ; une chose voilée, on la possède, on en est sûr, bien qu'on ne la voie pas.

Savoir qu'on a son ami à côté de soi, qu'il est là, n'est-ce pas beaucoup déjà ? Eh bien vous voyez bien où est Notre-Seigneur ; regardez la sainte Hostie, vous êtes sûr qu'il est là.

3. Notre-Seigneur se voile pour notre bien, dans notre intérêt, pour nous forcer à étudier son âme, ses intentions, ses vertus en lui-même ; si nous le voyions, nous resterions à l'admirer extérieurement, nous n'aurions pour lui qu'un amour de sentiment ; Notre-Seigneur veut que nous l'aimions d'un amour de sacrifice.

Certes, il en coûte à Notre-Seigneur de se voiler ainsi. Il aimerait mieux montrer ses traits divins qui lui attiraient tant de cœurs ; mais il le fait pour notre bien.

L'esprit travaille alors sur l'Eucharistie, la foi est aiguillonnée : nous pénétrons en Notre-Seigneur.

Au lieu de se montrer à nos yeux, il se montre à notre âme ; il se signale en nous par sa propre lumière, il nous éclaire et il est l'objet que nous devons contempler : objet et moyen de notre foi.

Ici, celui qui aime davantage, qui est plus pur, voit plus clair. Notre-Seigneur l'a dit :

Celui qui m'aime et qui garde mes préceptes, je me manifesterai à lui.

Notre-Seigneur donne aux âmes de prière des lumières très grandes sur lui-même, et qui ne les trompent pas.

Il varie sa lumière ; il la dirige tantôt sur un point de sa vie, tantôt sur un autre, et comme l'Eucharistie est la glorification de tous les mystères, Jésus-Christ devient lui-même notre méditation, quel qu'en soit le sujet.

Amour [27]

Je dois être à Jésus-Christ comme il est à moi ; sans cela il n'y aurait pas de vraie société.

Or comme Jésus ne pense, ne travaille que pour moi, je ne dois vivre que pour lui. Il doit donc être l'inspiration de mes pensées, l'objet de ma science (sans cela mon esprit ne serait pas à lui), le Dieu de mon cœur, la loi, le centre de ses affections : tout amour qui n'est pas selon lui, toute affection qui ne vient pas de lui, qui ne demeure pas en lui et qui ne l'a pas pour fin, empêche la parfaite union de mon cœur avec le sien. Je ne lui donne pas mon cœur si j'en réserve quelque chose.

Jésus doit être la règle souveraine de ma volonté et de mes désirs. Ce qu'il veut, je le veux ; et je ne formerai de désirs que les

---

[27] Saint Pierre Julien Eymard, *La divine Eucharistie*, Deuxième série, La sainte Communion, 9ème édition, Paris, Bureau des Œuvres eucharistiques, p. 182-186.

siens. Sa pensée doit régler tous les mouvements de mon corps, commander à mes sens la modestie, le respect de sa présence. C'est le premier commandement en action : *Diliges*, vous aimerez Dieu de tout votre cœur, de tout votre esprit, de toutes vos forces.

L'amour est *un* dans son affection, universel dans ses opérations ; il conduit tout par un seul principe ; il l'applique à tous les devoirs, si variés et si nombreux soient-ils.

Suis-je tout à Jésus ? Je le dois à la justice : encore plus à l'amour et à la parole que j'en ai donnée, que Jésus a reçue, qu'il a sanctionnée de ses grâces et de ses faveurs.

Jésus me donne sa personne entière ; je lui dois tout moi-même, ma personne, mon individualité, le moi. Pour faire ce don, il faut que je renonce à être ma fin en quoi que ce soit, que je renonce à toute estime propre et finale, c'est-à-dire à une estime qui ne s'adresserait qu'à moi sans aller plus loin, à cause de mes qualités, de mes talents, ou des services que j'aurais pu rendre. Il faut que je renonce à toute affection que l'on n'aurait que pour moi, avec la délicatesse d'une épouse qui ne veut fixer que le cœur, qui n'admet que les attentions de son époux. Je ne veux de l'affection des autres que pour les mener à Jésus, qui seul mérite d'être la fin du cœur.

Donner ma personnalité, c'est renoncer au moi dans mes plaisirs, les offrir à Jésus dans mes peines, c'est lui en garder pour lui seul le secret. C'est alors seulement que Jésus vit en moi, quand il est la personnalité, le moi qui reçoit l'estime, l'affection qu'on me porte ; autrement c'est encore moi qui vis, et non pas lui seul.

Enfin pour correspondre au don perpétuel que Jésus me fait de son Eucharistie, je dois être toujours à lui. Les motifs de continuer à l'aimer sont les mêmes que ceux qui m'ont fait commencer : ils vont toujours croissants ; ils deviennent chaque jour plus pressants, parce que chaque jour Jésus renouvelle pour moi ses prodiges d'amour.

Je dois donc être à lui avec un égal abandon dans toute vocation, dans tout état intérieur, dans les larmes et dans la joie, dans la ferveur et dans la sécheresse, dans la paix et dans les tentations, dans la santé et dans la souffrance ; Jésus se donne à moi parmi tous ces états ; je dois être à lui dans les uns comme dans les autres.

A lui encore dans tout emploi : les divers travaux auxquels m'attache sa providence ne sont que des apparences extérieures, des formes de vies différentes ; Jésus se donne en toutes, me demandant en toutes un égal don de moi-même.

Qui me séparera de la charité de Jésus qui est en moi, qui vit en moi, qui me presse et me pousse à l'aimer ? Ni la tribulation, ni les angoisses, ni la faim, ni la nudité, ni le péril, ni la persécution, ni le glaive ; nous surmonterons tout cela pour l'amour de Celui qui nous a tant aimés le premier !

Désir [28]

Il y a une faim de la Communion que nous pouvons toujours ressentir, un désir que nous pouvons toujours avoir.

C'est le désir du malade qui attend son médecin, parce qu'il souffre ; qui demande à boire, parce que la fièvre le dévore. Eh bien ! Pauvres enfants d'Adam, si profondément blessés, nous nous présentons à Notre-Seigneur, et lui disons : « Seigneur, nous n'avons que la misère et la souffrance en partage, venez à notre secours ; que la pauvreté de notre grabat ne vous rebute pas. Je veux vous recevoir, parce que j'ai besoin d'un peu de forces. Ayez pitié de ma misère ! »

---

[28] Saint Pierre Julien Eymard, *La divine Eucharistie*, Deuxième série, La sainte Communion, 9ème édition, Paris, Bureau des Œuvres eucharistiques, p. 25-28.

C'est le langage de presque tous les communiants. Voyez ce pénitent, cet impie converti : il vient à peine de se confesser, il se traîne difficilement ; on l'envoie à la table sainte, et on a raison : « Donnez-moi du pain, dit-il à Notre-Seigneur, je meurs de faim ! Comment pourrai-je entrer dans le rude et étroit sentier de la vie chrétienne, moi qui sors de la voie si large et si fleurie du mal ? » Voilà une bonne faim, qui plaît à Notre-Seigneur, qui l'exalte et nous fait descendre à notre place.

Je vous souhaite de l'avoir souvent, cette faim du pauvre, de pouvoir toujours faire valoir ce droit à la Communion : le besoin que vous en avez.

Ce besoin, avec la pureté de conscience, suffit pour faire une bonne et fructueuse Communion. Nous en avons une preuve touchante dans l'Évangile.

Un roi avait préparé un festin splendide ; les invités, avertis de s'y rendre, ne voulurent pas venir. Les interprètes disent que c'était à cause des présents à faire aux époux. À cette nouvelle, le roi envoie chercher les pauvres sur les places et les carrefours : on y ramasse les mendiants et les estropiés, Jésus les préfère aux riches orgueilleux. Mais remarquez que chacun, en entrant, se revêtait de la robe nuptiale offerte par les serviteurs, à la porte de la salle. Le roi entre et se réjouit du bonheur peint sur tous ces visages, si tristes d'ordinaire. Cependant il aperçoit un des convives qui a gardé ses vêtements communs. Le roi y voit une marque de mépris pour lui : il le fait jeter dehors. Cet homme le méritait bien : on ne lui demandait pas d'apporter des présents aux époux, mais d'être convenable seulement. Les autres, portant leur manteau blanc, restèrent, quoique pauvres et estropiés : leur misère était même leur droit d'entrée au banquet.

 Eh bien ! nous sommes pauvres ; nous souffrons ; que nos désirs en soient plus violents. Le Seigneur est si heureux de guérir celui qui lui montre ses plaies ! Durant sa vie, nous ne le voyons guère hanter les maisons des riches et des puissants.

À peine accepta-t-il l'invitation de deux ou trois pharisiens : encore espérait-il guérir leur esprit de son orgueil et de ses erreurs. C'étaient encore des malades, bien que d'un autre genre. Mais chez les pauvres, Jésus y allait avec plaisir ; rien ne le rebutait.

Venez donc, venez demander des forces, un peu de courage ! « Seigneur, je n'en peux plus ; je me jette à vos pieds ! » Encore une fois, venez ! Non pas parce que vous croyez le mériter, mais parce que vous en avez besoin.

Dites avec confiance : « Seigneur, donnez-nous aujourd'hui notre pain quotidien. Nous sommes de pauvres mendiants qui ne nous appuyons pas sur un droit, mais sur votre invitation. »

Et le Seigneur vous recevra bien. Puisqu'il vous a invités, il ne veut pas vous repousser, mais, au contraire, vous accueillir sur son sein et vous enrichir des trésors de sa grâce et de sa bonté.

Humilité [29]

L'humilité du cœur, voilà l'arbre qui donne la fleur et le fruit de la douceur. *Discite a me quia humilis corde*. Jésus parle de l'humilité de cœur : n'avait-il pas l'humilité d'esprit ? Non, l'humilité d'esprit négative, fondée sur le péché et le néant de notre nature corrompue, Jésus n'y était pas soumis ; il en a cependant fait les œuvres pour notre exemple. Ainsi Jésus s'humilie comme les pécheurs, et cependant il est sans péché ; il n'a à rougir de rien ; selon que le disait le bon larron : *Hic nihil mali gessit*, Celui-ci n'a rien fait de mal.

Mais nous, nous devons rougir de tout ; nous avons fait beaucoup de mal et nous ne connaissons pas même tout le mal dont nous sommes coupables.

---

[29] Saint Pierre Julien Eymard, *La divine Eucharistie*, Première série, La Présence réelle, 9ème édition, Paris, Bureau des Œuvres eucharistiques, p. 280-286.

Jésus n'a pas d'ignorance de la nature déchue, et nous, nous ne savons rien : nous ne savons que le mal. Nous vicions la notion du juste et du bien. Jésus sait tout, et il est aussi humble que s'il ne savait rien : il reste trente ans à apprendre dans le silence !

Il a tous les dons naturels ; il sait et peut tout faire à la perfection, il ne le montre pas ; il ne travaille que grossièrement, à la manière des apprentis : *Nonne fabri filius* ? N'est-ce pas là, dit-on, le fils de l'artisan, artisan comme son père ?

Jésus n'a jamais montré qu'il savait tout ; même dans ses enseignements, il atteste qu'il ne fait que redire la parole de son Père : il se borne à sa mission ; il la remplit dans la forme la plus simple et la plus humble : il s'est donc conduit comme un homme véritablement humble d'esprit. Il ne s'est glorifié de rien, n'a jamais cherché à briller, à faire de l'esprit, à paraître plus instruit que les autres : même dans le temple, quand il était au milieu des docteurs, il les écoutait et les interrogeait pour s'instruire : *Audientem et interrogantem eos.*

Jésus avait l'humilité d'esprit positive qui ne consiste pas à s'humilier de sa misère, mais à renvoyer le bien à Dieu, à s'humilier dans le bien. Il dépendait en tout de son Père, le consultait et obéissait à ceux qui tenaient sa place sur terre ; il renvoyait la gloire de tout bien à son Père ; son humilité d'esprit est magnifique, admirable, divine : *Gloriam meam non quaero, sed ejus qui misit me* ; elle est toute glorieuse, c'est une humilité toute d'amour, toute spontanée.

Nous devons avoir l'humilité d'esprit, parce que nous sommes ignorants et pécheurs : c'est un devoir de justice. Nous y avons une autre obligation en notre qualité de disciples, de serviteurs de Jésus. Cependant Jésus ne nous parle dans son commandement que de l'humilité de cœur : il semble à son amour que ce serait trop nous humilier que de nous parler de cette humilité d'esprit : cela rappelle trop de misères, de péchés, de titres au mépris. L'amour de Jésus voile ce côté pénible et nous dit d'être comme lui, humbles de cœur : *humiles corde*.

Qu'est-ce donc qu'être humble de cœur ?

C'est recevoir de Dieu avec soumission de cœur les exercices d'humilité comme un bien, comme un acte qui lui est très glorieux ; c'est accepter son état et ses devoirs quels qu'ils soient, et ne pas rougir de sa condition ; c'est être simple et comme naturel dans les grâces extraordinaires de Dieu.

Et si j'aime Jésus, je dois lui ressembler ; si j'aime Jésus, je dois aimer ce qu'il aime, ce qu'il fait, ce qu'il préfère à tout : l'humilité.

L'humilité de cœur est plus facile que l'humilité d'esprit, puisqu'il ne s'agit que d'un sentiment très honorable, très élevé : ressembler à Jésus-Christ, l'aimer, le glorifier en ces sublimes circonstances d'humilité.

Avons-nous cette humilité de cœur, ou plutôt cet amour de Jésus humilié ? Peut-être celle qui va avec le dévouement, la gloire, le succès ; qui donne, se dévoue purement et sans motifs de gloire humaine ; mais non cette humilité qui descend avec Jean-Baptiste, lequel s'abaisse et se cache, et est heureux qu'on l'abandonne pour Notre-Seigneur ; non celle de Jésus au Sacrement, caché, anéanti pour glorifier son Père.

C'est là le vrai combat qui doit triompher de la nature : aimer l'humilité de Jésus, c'est sa gloire et sa victoire en nous.

Il y a l'humilité dans la prospérité, dans l'abondance, le succès, les honneurs, la puissance : celle-là devrait être bien facile ; on jouit même en s'humiliant, c'est-à-dire en renvoyant la gloire à Dieu.

Mais il y a l'humilité positive du cœur, qui a lieu dans les humiliations extérieures et intérieures, lorsqu'elles attaquent l'esprit, le cœur, le corps, les œuvres : vraie tempête qui vous submerge ; c'est celle de Notre-Seigneur et de tous les saints ; aimer Dieu alors, le remercier de cet état, voilà la vraie humilité de cœur.

Comment arriver à l'acquérir ? Ce n'est pas par les raisonnements ni par les réflexions : nous croirions l'avoir parce que nous aurions d'elle de belles pensées, ou que nous prendrions d'héroïques résolutions, et nous en resterions là.

Il faut simplement se mettre dans l'esprit de Notre-Seigneur, le voir, le consulter, agir, sous sa divine influence, en société, en amour ; il faut nous recueillir en sa divine humilité de cœur, offrir nos actions à Jésus, humilié par amour au Sacrement, et préférant cet état obscur à toute la gloire ; et examiner après si, pendant l'action, nous ne nous sommes pas repris. Disons sans cesse : « Jésus, si humble de cœur, rendez notre cœur semblable au vôtre. »

Jésus humble de cœur [30]

L'humilité véritable renvoie à Dieu toute la gloire de ses œuvres, et ne garde pour elle que l'humiliation de ses imperfections.

Elle ne se vante pas de ses succès comme elle ne désespère pas de ses revers.

Elle ne se glorifie pas de ses qualités, de ses talents, de sa position ; tout cela est à Dieu.

Elle ne parle jamais d'elle, ou elle a peur de la gloire et de la réputation, crainte que ce ne soit sa seule récompense.

Mais voyant plutôt ce qui lui manque que ce qu'elle possède, ses fautes plutôt que ses vertus, sa faiblesse plutôt que sa force, elle se tient toujours petite en elle-même,

---

[30] Saint Pierre Julien Eymard, *La divine Eucharistie*, Troisième série, Retraites aux pieds de Jésus-Eucharistie, 7ème édition, Paris, Bureau des Œuvres eucharistiques, p. 72-75.

comme l'enfant qui se croit le dernier et le plus faible de tous.

Telle est la règle de l'humilité ; voici, ô mon âme, ton modèle : Jésus.

On l'appelle bon Maître en dehors de Dieu son Père, et il refuse ce titre ! Il dit : « Il n'y a que Dieu qui soit bon. »

On veut le faire roi, il s'enfuit dans le désert.

On le loue de ses miracles, et il en renvoie toute la gloire à son Père. Pour lui, il ne veut que procurer la gloire de son Père par sa propre abjection, par son anéantissement.

Qu'elle est humble, Marie ! Aussi l'ange l'appelle la Mère de Dieu, pleine de grâce ; et elle ne veut que le titre de servante.

L'humilité parfaite court après les humiliations et les mépris. Pour l'âme grandement humble c'est un trésor, c'est une gloire, parce que c'est se rapprocher de Jésus humilié et couvert d'opprobres à Jérusalem et sur le Calvaire.

C'est une belle occasion pour elle de prouver à Dieu son amour, et de l'honorer par l'acte le plus parfait qui soit au pouvoir de l'homme. Car l'humiliation l'emporte sur la souffrance corporelle, sur le sacrifice de ses biens.

Il ne faut qu'un acte d'humiliation fait par amour de Dieu pour élever l'âme jusqu'à Jésus, en l'affranchissant de l'esclavage de la vanité et de l'estime des créatures.

Dieu donne rarement ces belles occasions : heureuse l'âme qui y est fidèle ! ...

L'humilité est le plus grand triomphe de l'âme sur le démon. Le démon n'a de force sur nous que par l'orgueil qu'il trouve en nous. De là cette parole du Saint-Esprit : « Le principe de tout péché c'est l'orgueil. » Donc une âme humble est comme impeccable, et le démon n'a aucune prise sur elle. Un acte d'humilité le terrasse au premier choc ; et s'il revient à la charge, ce n'est que pour attaquer l'âme par son humilité même, son rempart et sa cuirasse.

L'humilité triomphe de Dieu lui-même. Dieu ne peut résister à une âme coupable qui s'humilie à ses pieds ; l'humilité le désarme et lui ravit ses grâces. Dans les épreuves que Dieu fait éprouver par lui-même dans les désolations intérieures, si l'âme s'humilie, elle fait violence à Dieu comme le saint homme Job sur son fumier.

Et, pour se venger de sa défaite, Dieu lui rend le centuple et l'élève à un haut degré d'oraison et à l'état d'union avec lui.

Donc, ô mon âme, si tu ne peux pas faire de grandes pénitences, console-toi, tu peux être humble, et l'humilité vaut mieux que toutes les pénitences.

Si tu ne peux faire de grandes choses pour Dieu, ne t'afflige pas ; tu peux t'humilier devant Dieu, et l'humilité rend à Dieu plus de gloire que la conversion du monde entier sans humilité.

Ne peux-tu pas faire oraison ? Humilie-toi, c'est la meilleure de toutes les oraisons.

Si tu ne peux dire à Dieu que tu l'aimes beaucoup, humilie-toi à ses pieds comme la Madeleine. Et tu l'auras beaucoup aimé, et tu deviendras, comme elle, la chaste amante du Sauveur.

QUATRIEME PARTIE

Prières

Litanies de l'amour de Dieu[31]

Seigneur, ayez pitié de nous.
Jésus-Christ, ayez pitié de nous.
Seigneur, ayez pitié de nous.
Jésus-Christ, écoutez-nous.
Jésus-Christ, exaucez-nous.
Dieu du Ciel, notre Père, ayez pitié de nous.
Dieu le Fils, Sauveur du monde, ayez pitié de nous.
Dieu le Saint-Esprit, notre sanctificateur, ayez pitié de nous.
Trinité Sainte, aimable et adorable, qui êtes un seul Dieu, ayez pitié de nous.
Dieu, qui êtes l'amour infini, ayez pitié de nous.
Dieu, qui nous avez aimés de toute éternité, ayez pitié de nous.
Dieu, qui nous avez ordonné de vous aimer, ayez pitié de nous.
Dieu, qui nous avez aimés jusqu'à nous donner votre Fils, ayez pitié de nous.

---

[31] *Manuel de la vraie dévotion pratique envers la très sainte Eucharistie et la Très sainte Vierge*, par le Père Alexis-Louis de Saint-Joseph, Lyon, 1855, p.367-370.

Dieu, qui avez voulu que votre Fils nous montrât votre amour, en naissant dans la Crèche, vivant dans le travail et la pauvreté, faisant du bien à tous et mourant enfin sur la Croix, après une douloureuse agonie et une sanglante flagellation, ayez pitié de nous.

Dieu, qui avez voulu que votre Fils nous laissât comme gages éternels d'amour sa sainte parole dans l'Évangile, et son corps sacré dans l'Eucharistie, ayez pitié de nous.

C'est de tout notre cœur, que nous vous aimons, ô mon Dieu !

C'est de toute notre âme, que nous vous aimons, ô mon Dieu !

C'est de tout notre esprit, que nous vous aimons, ô mon Dieu !

C'est de toutes nos forces et nos facultés, que nous vous aimons, ô mon Dieu !

C'est plus que tous les biens et que tous les honneurs, que nous vous aimons, ô mon Dieu !

C'est plus que tous les plaisirs et toutes les joies de ce monde, que nous vous aimons, ô mon Dieu !

C'est plus que nos connaissances et nos amis, que nous vous aimons, ô mon Dieu !

C'est plus que nos proches et que nous-mêmes, que nous vous aimons, ô mon Dieu !

C'est plus que tous les hommes et que tous les Anges, que nous vous aimons, ô mon Dieu !

C'est plus que tout ce qui existe sur la terre et au Ciel, que nous vous aimons, ô mon Dieu !

C'est uniquement pour vous seul, que nous vous aimons, ô mon Dieu !

C'est parce que vous êtes le souverain bien, que nous vous aimons, ô mon Dieu !

C'est parce que vous êtes infiniment parfait, que nous vous aimons, ô mon Dieu !

C'est parce que vous êtes digne d'un amour infini, que nous vous aimons, ô mon Dieu !

Ne nous eussiez-vous pas promis le Ciel, nous vous aimerions toujours, ô mon Dieu !

Ne nous eussiez-vous pas menacés de l'Enfer, nous vous aimerions toujours, ô mon Dieu !

Nous enverriez-nous des croix, des épreuves, des tribulations, nous vous aimerions toujours, ô mon Dieu !

Dans le bonheur comme dans l'infortune, nous vous aimerions toujours, ô mon Dieu !

Dans les honneurs comme dans les mépris, nous vous aimerions toujours, ô mon Dieu !

Dans la joie comme dans la tristesse, nous vous aimerions toujours, ô mon Dieu !

Dans la santé comme dans la maladie, nous vous aimerions toujours, ô mon Dieu !

Dans la vie comme à la mort, nous vous aimerions toujours, ô mon Dieu !

Dans le temps comme dans l'éternité, nous vous aimerions toujours, ô mon Dieu !

Puisse notre amour ressembler à celui des Chérubins et des Séraphins, c'est notre désir, ô mon Dieu !

Puisse notre amour être fortifié par celui de vos élus qui sont dans le Ciel, c'est notre désir, ô mon Dieu !

Puissions-nous vous aimer d'un amour aussi ardent et aussi pur que celui dont la très sainte Vierge, votre divine Mère, vous a aimé, c'est notre désir, ô mon Dieu !

Puisse notre amour être enflammé de l'amour infini avec lequel vous nous aimez, et vous nous aimerez pendant toute l'éternité, c'est notre désir, ô mon Dieu !

Agneau de Dieu, qui ôtez les péchés du monde par votre saint amour, pardonnez-nous Seigneur.

Agneau de Dieu, qui ôtez les péchés du monde, par votre saint amour, exaucez-nous Seigneur.

Agneau de Dieu, qui ôtez les péchés du monde, par votre saint amour, ayez pitié de nous.

Prière

Ô Dieu qui possédez dans un degré infini tout ce qu'il peut y avoir d'aimable et de parfait, et qui êtes la perfection même, détruisez et arrachez de nos cœurs tout sentiment et toute affection contraires à l'amour que nous vous devons ; enflammez-nous d'un amour si pur et si ardent pour vous, que nous n'aimions rien que vous, en vous et pour vous, par Jésus-Christ Notre-Seigneur. Ainsi soit-il.

Litanies du Saint-Sacrement[32]

Seigneur, ayez pitié de nous.

Jésus-Christ, notre Sauveur, ayez pitié de nous.

Père céleste et notre Dieu, considérez que nous sommes vos enfants, quoique rebelles, et faites-nous miséricorde.

Fils, Rédempteur du monde et notre Dieu, ne laissez pas périr ce que vous avez racheté, et faites-nous miséricorde.

Saint-Esprit et notre Dieu, qui nous faites vos temples en nous sanctifiant, faites-nous miséricorde.

Sainte Trinité, Dieu en trois personnes, incompréhensible à toute intelligence créée, faites-nous miséricorde.

Pain vivifiant, qui êtes descendu du Ciel afin de nous donner la vie que nous

---

[32] *Abbé F. Esmonin, Le bonheur à la Table sainte ou l'Union de l'Ame fidèle avec Dieu dans la Communion fréquente,* Dijon, imprimerie Darantiere, p. 134-150.

avions perdue par le péché, faites-nous miséricorde.

Dieu caché, notre Sauveur, qui n'êtes visible qu'aux yeux de la foi ; qui, sous vos voiles, voyez nos misères et avez le pouvoir de nous sauver, faites-nous miséricorde.

Froment des élus, séparez-nous d'avec la paille, et nous rendez dignes d'être mis en réserve dans le grenier du Père de famille, faites-nous miséricorde.

Pain sacré, source de la vie, et les délices des rois, faites-nous miséricorde.

Sacrifice continuel, par lequel Dieu sera adoré en esprit et en vérité jusqu'à la consommation des siècles, faites-nous miséricorde.

Oblation pure, qui purifiez le ministre qui vous offre, faites-nous miséricorde.

Agneau sans tache, immolé dès le commencement du monde, et digne pour cela de régner sur toute créature, et de recevoir gloire et honneur au ciel, en la terre et dans les enfers, faites-nous miséricorde.

Table très pure, où ne sont reçus que ceux qui sont ornés de l'innocence, faites-nous miséricorde.

Manne cachée, qui empêchez de mourir ceux qui vous mangent, et qui avez une admirable suavité, faites-nous miséricorde.

Mémoire des merveilles de Dieu, puisque vous contenez la merveille que son amour a faite pour nous sur la Croix, faites-nous miséricorde.

Verbe fait chair sans cesser d'être Dieu, et anéanti pour nous dans ce Sacrement, faites-nous miséricorde.

Verbe habitant en nous, qui faites vos délices de converser avec les hommes et nous unissez à vous par votre chair, faites-nous miséricorde.

Hostie sainte, qui avez voulu être détruite pour remédier à la destruction que le péché à faite en nous, faites-nous miséricorde.

Calice de bénédiction, qui succédez au calice de colère et de fureur que nous méritions de boire faites-nous miséricorde.

Mystère de foi, que nous croyons plus fermement que ce que nos yeux voient, que ce que nos mains touchent, et que ce que notre esprit conçoit, faites-nous miséricorde.

Très-Haut, très vénérable Sacrement, tirez-nous de la bassesse où nous a réduits le péché, faites-nous miséricorde.

Sacrifice, le plus saint des sacrifices, sanctifiez-nous.

Propitiation pour les vivants et pour les morts, apaisez Dieu pour les péchés des uns, et obtenez la délivrance des autres.

Céleste antidote, préservez-nous à jamais de la maladie du péché.

Miracle par excellence, faites-en un bien grand en notre faveur, nous rendant la vie que nous avons perdue par le péché.

Très sacrée commémoraison de la Passion de Notre-Seigneur, imprimez en nous le vif sentiment des souffrances de Jésus, et donnez-nous le désir d'y participer.

Trésor des largesses divines, répandez-vous dans nos âmes comblez-les de vos dons.

Très saint et très auguste mystère, digne des plus profondes vénérations des anges et des hommes, faites-nous miséricorde.

Remède d'immortalité, rendez-nous propres à jouir de la vie éternelle dans le sein de Dieu, faites-nous miséricorde.

Redoutable et vivifiant sacrifice, les anges tremblent en votre présence pénétrés d'amour et de crainte ; imprimez en nous le même tremblement.

Sacrifice non sanglant, donnez-nous le courage de répandre notre sang pour votre gloire, et de vous sacrifier tout ce qui est en nous.

Très doux banquet auquel les anges assistent comme vos ministres, rendez-nous dignes de participer à vos festins.

Sacrement de piété, remplissez nos cœurs d'une dévotion sincère qui nous sépare de toutes les choses présentes.

Lien de charité, qui nous attachez à Dieu et nous unissez les uns aux autres, faites-nous miséricorde.

Douceur spirituelle, goûtée en sa propre source, nous renonçons pour vous à toutes les douceurs de la terre.

Réfection des âmes saintes, leur soutien et leur force, soyez en nous une semence d'immortalité.

Viatique de ceux qui meurent au Seigneur, soyez notre force au terrible moment de la mort.

Soyez-nous propice et délivrez-nous, Seigneur.

Délivrez-nous de l'indigne réception de votre sacré Corps, comme du plus grand malheur qui puisse nous arriver.

Délivrez-nous de la concupiscence des yeux, et faites que nous regardions les choses de ce monde avec un saint mépris qui empêche de les aimer.

Délivrez-nous de l'orgueil, et imprimez en nous la connaissance de notre néant et de la vanité des grandeurs de la terre.

Délivrez-nous de toutes les occasions du péché, et donnez-nous la force de quitter celles où nous sommes engagés par la faiblesse de notre nature.

Par le désir ardent que vous avez eu de manger la Pâque avec vos disciples, délivrez-nous du désir de manger avec les pécheurs les fruits mortels du péché.

Par l'humilité extrême que vous avez exercée en lavant les pieds à vos apôtres, donnez-nous une sainte soumission d'esprit et d'humilité qui convient à vos disciples.

Par ce Sang précieux que vous nous avez laissé sur l'autel, délivrez-nous de tout attachement à la chair et au sang.

Par les cinq plaies de votre corps sacré, délivrez-nous de la concupiscence et des impressions du monde et du démon.

Pécheurs que nous sommes, nous vous prions humblement de conserver et d'augmenter en nous le respect pour cet auguste sacrement.

Nous vous prions de nous rendre dignes, par une véritable confession de nos péchés et par une sincère pénitence, de participer souvent à la divine Eucharistie.

Nous vous prions de nous préserver du venin de l'hérésie et de l'endurcissement du cœur, qui est le dernier effet de votre colère.

Nous vous prions qu'à l'heure de notre mort, il vous plaise de nous munir et de nous fortifier du viatique céleste, afin qu'en ce terrible passage nous puissions résister aux efforts de l'ennemi de notre salut.

Fils de Dieu, qui ne dédaignez pas de nous faire participant de votre filiation divine, délivrez-nous des misères naturelles des enfants d'Adam.

Agneau de Dieu, qui effacez les péchés du monde, donnez-nous l'esprit d'une véritable pénitence pour effacer ceux que nous avons commis, et faites que nous puissions vous dire avec plus de confiance : Faites-nous miséricorde.

Oraison

Seigneur, qui, dans cet admirable sacrement, nous avez laissé la mémoire de votre Passion, accordez-nous de révérer tellement le mystère de votre Corps et de votre Sang, que nous ressentions sans cesse dans nos âmes le fruit de la rédemption que vous avez opérée. Vous qui vivez dans les siècles des siècles. Amen.

Autres Litanies du Très Saint-Sacrement[33]

Seigneur, ayez pitié de nous.

Jésus-Christ, ayez pitié de nous.

Seigneur, ayez pitié de nous.

Jésus, écoutez-nous.

Jésus, exaucez-nous.

Père céleste qui êtes Dieu, ayez pitié de nous.

Fils Rédempteur du monde, qui êtes Dieu, ayez pitié de nous.

Esprit-Saint, qui êtes Dieu, ayez pitié de nous.

Trinité sainte, qui êtes un seul Dieu, ayez pitié de nous.

Pain vivant, descendu du ciel, ayez pitié de nous.

Dieu voilé aux regards des mortels, ayez pitié de nous.

---

[33] Mgr Mislin, *Livre d'heures avec un choix d'autres prières*, Vienne, Henry Reiss éditeur, 1867, p.171-176.

Froment des élus,

Vin céleste, qui faites germer dans les cœurs la fleur de la virginité,

Pain céleste, les délices des cœurs fervents,

Sacrifice perpétuel,

Oblation pure,

Agneau sans tache,

Nourriture des anges,

Manne dont la vertu est tout intérieure,

Abrégé des merveilles du Tout-Puissant,

Pain au-dessus de toute substance,

Verbe fait chair,

Dieu avec nous,

Hostie sainte,

Calice de bénédiction,

Mystère de foi,

Sacrement sublime et vénérable,

Le plus saint de tous les sacrifices,

Sacrifice expiatoire pour les vivants et les morts,

Préservatif efficace contre les atteintes du péché,

Miracle étonnant et le plus grand des prodiges,

Souvenir sacré de la Passion du Seigneur,

Don précieux, qui surpassez tous les dons,

Témoignage touchant de l'amour de notre Dieu,

Don de la munificence divine,

Le plus auguste de tous les mystères,

Pain devenu la propre chair du Verbe incarné,

Sacrifice non sanglant,

Pain de vie présenté par la vie même,

Banquet délicieux servi par les anges,

Sacrement de piété,

Lien de la charité,

Oblation d'un Dieu qui s'offre comme victime,

Douceur spirituelle goûtée dans la propre source,

Réfection des âmes saintes,

Viatique de ceux qui meurent dans le Seigneur,

Gage assuré de notre gloire future,

Soyez-nous propice, pardonnez-nous, Seigneur,

Soyez-nous propice, exaucez-nous, Seigneur,

Du malheur de recevoir indignement votre Corps et votre Sang adorables, délivrez-nous, Seigneur,

De la concupiscence de la chair, délivrez-nous, Seigneur,

De la concupiscence des yeux,

De l'orgueil de la vie,

De toute occasion de vous offenser, délivrez-nous, Seigneur,

Par le désir que vous eûtes de célébrer la dernière Pâque afin de vous donner tout à nous,

Par la profonde humilité qui vous fit laver les pieds de vos apôtres,

Par l'immense charité qui vous a porté à demeurer au milieu de nous,

Par votre Sang précieux que vous nous avez laissé dans le sacrifice des autels,

Par les plaies douloureuses que vous avez reçues pour l'amour de nous,

Tout pécheurs que nous sommes, nous vous en prions, écoutez-nous.

Daignez accroître et conserver en nous, la foi, le respect et la dévotion envers ce Sacrement adorable, nous vous en prions, écoutez-nous.

Daignez nous faire recourir à l'usage fréquent de la sainte Eucharistie, par la confession humble et sincère de nos péchés,

Daignez nous préserver de toute hérésie, de toute infidélité et de tout aveuglement intérieur, nous vous en prions, écoutez-nous.

Daignez nous faire recueillir les fruits célestes qu'opère dans les âmes bien disposées ce Sacrement qui renferme en lui la sainteté même,

Daignez nous soutenir et nous fortifier, aux approches de la mort, par la vertu efficace de ce Viatique céleste,

Fils éternel du vrai Dieu, nous vous en prions, écoutez-nous.

Agneau de Dieu, qui effacez les péchés du monde, pardonnez-nous Seigneur.

Agneau de Dieu, qui effacez les péchés du monde, exaucez-nous, Seigneur.

Agneau de Dieu, qui effacez les péchés du monde, ayez pitié de nous, Seigneur.

Jésus-Christ, écoutez-nous.

Jésus-Christ, exaucez-nous.

-Vous leur avez donné le Pain du ciel,

-Rempli de toutes sortes de délices.

Prions.

Ô Dieu, qui avez perpétué la mémoire de votre Passion et de votre mort en instituant le sacrement de l'Eucharistie, faites-nous la grâce de révérer de telle sorte les mystères sacrés de votre Corps et de votre Sang, que nous ressentions sans cesse dans nos âmes le fruit précieux de la Rédemption, ô Dieu, qui vivez et régnez dans tous les siècles des siècles.

Ainsi soit-il.

Litanies de Jésus-Hostie[34]

Seigneur, ayez pitié de nous.

Jésus-Christ, ayez pitié de nous.

Seigneur, ayez pitié de nous.

Jésus-Christ, écoutez-nous.

Jésus-Christ, exaucez-nous.

Dieu le Père, du haut des Cieux, ayez pitié de nous.

Dieu le Fils, Rédempteur du monde, ayez pitié de nous.

Dieu le Saint-Esprit, ayez pitié de nous.

Jésus, Fils du Dieu vivant, ayez pitié de nous.

Jésus, fils de la Vierge Marie, ayez pitié de nous.

Jésus, notre Dieu, ayez pitié de nous.

---

[34] *Le livre de piété de la jeune fille*, 326ème édition, ouvrage ayant reçu la bénédiction du Pape Pie IX, Avignon, Aubanel frères éditeur, p.354-355.

Jésus, notre Rédempteur, ayez pitié de nous.

Jésus, notre Sauveur, ayez pitié de nous.

Jésus, holocauste perpétuel, ayez pitié de nous.

Jésus, hostie eucharistique, ayez pitié de nous.

Jésus, hostie de propitiation, ayez pitié de nous.

Jésus, hostie d'impétration, ayez pitié de nous.

Jésus, pontife de la loi nouvelle, ayez pitié de nous.

Jésus, notre médiateur, ayez pitié de nous.

Jésus, notre victime, ayez pitié de nous.

Jésus, notre chef, ayez pitié de nous.

Jésus, notre maître, ayez pitié de nous.

Jésus, notre pasteur, ayez pitié de nous.

Jésus, notre père, ayez pitié de nous.

Jésus, notre époux, ayez pitié de nous.

Jésus, notre frère, ayez pitié de nous.

Jésus, notre ami, ayez pitié de nous.

Jésus, notre guide, ayez pitié de nous.

Jésus, notre médecin, ayez pitié de nous.

Jésus, notre hôte, ayez pitié de nous.

Jésus, notre nourriture, ayez pitié de nous.

Jésus, notre juge, ayez pitié de nous.

Jésus, notre espérance, ayez pitié de nous.

Jésus, notre viatique, ayez pitié de nous.

Jésus, notre refuge, ayez pitié de nous.

Jésus, notre trésor, ayez pitié de nous.

Jésus, notre vie, ayez pitié de nous.

Jésus, notre gloire, ayez pitié de nous.

Jésus, notre bonheur, ayez pitié de nous.

Jésus, notre paix, ayez pitié de nous.

Jésus, notre réconciliation, ayez pitié de nous.

Jésus, notre sagesse, ayez pitié de nous.

Jésus, notre lumière, ayez pitié de nous.

Jésus, notre force, ayez pitié de nous.

Jésus, notre puissance, ayez pitié de nous.

Jésus, notre beauté, ayez pitié de nous.

Jésus, notre douceur, ayez pitié de nous.

Jésus, notre pureté, ayez pitié de nous.

Jésus, notre vertu, ayez pitié de nous.

Jésus, notre bien, ayez pitié de nous.

Jésus, humilié, ayez pitié de nous.

Jésus, anéanti, ayez pitié de nous.

Jésus, méconnu, ayez pitié de nous.

Jésus, délaissé, ayez pitié de nous.

Jésus, outragé, ayez pitié de nous.

Jésus, patient, ayez pitié de nous.

Jésus, silencieux, ayez pitié de nous.

Jésus, solitaire, ayez pitié de nous.

Jésus, captif, ayez pitié de nous.

Jésus, pauvre, ayez pitié de nous.

Jésus, obéissant, ayez pitié de nous.

Jésus, doux, ayez pitié de nous.

Jésus, humble de cœur, ayez pitié de nous.

Jésus, notre unique amour, ayez pitié de nous.

Agneau de Dieu, qui effacez les péchés du monde, pardonnez-nous Jésus.

Agneau de Dieu, qui effacez les péchés du monde, exaucez-nous, Jésus.

Agneau de Dieu, qui effacez les péchés du monde, ayez pitié de nous, Jésus.

Prions

Ô Dieu d'amour ! Vous qui ne cessez de nous convier à votre banquet eucharistique, faites, nous vous en conjurons, que nous en approchions toujours avec des dispositions si parfaites, que nous y puisions la perfection de toutes les vertus. Ainsi soit-il.

Litanies de réparation au Très Saint-Sacrement[35]

Seigneur, ayez pitié de nous.

Jésus-Christ, ayez pitié de nous.

Seigneur, ayez pitié de nous.

Jésus-Christ, écoutez-nous.

Jésus-Christ, exaucez-nous.

Père céleste qui êtes Dieu, ayez pitié de nous.

Fils, Rédempteur du monde, qui êtes Dieu, ayez pitié de nous.

Esprit-Saint qui êtes Dieu, ayez pitié de nous.

Sainte Trinité qui êtes un seul Dieu, ayez pitié de nous.

Hostie sainte, pour les pécheurs, nous vous faisons réparation, Seigneur.

---

[35] *Le livre de piété de la jeune fille*, 326ème édition, ouvrage ayant reçu la bénédiction du Pape Pie IX, Avignon, Aubanel frères éditeur, p.355-357.

Hostie sainte, humiliée sur l'autel pour nous et par nous, nous vous faisons réparation, Seigneur.

Hostie sainte, méprisée par les mauvais chrétiens, nous vous faisons réparation, Seigneur.

Hostie sainte, outragée par les blasphémateurs, nous vous faisons réparation, Seigneur.

Hostie sainte, jetée dans la boue, nous vous faisons réparation, Seigneur.

Hostie sainte, arrachée aux saints tabernacles, nous vous faisons réparation, Seigneur.

Hostie sainte, livrée souvent aux hérétiques, nous vous faisons réparation, Seigneur.

Hostie sainte, négligée et abandonnée dans vos temples, nous vous faisons réparation, Seigneur.

Pour les communions indignes, nous vous faisons réparation, Seigneur.

Pour les irrévérences des chrétiens, nous vous faisons réparation, Seigneur.

Pour la profanation de vos sanctuaires, nous vous faisons réparation, Seigneur.

Pour les ciboires sacrés enlevés par les méchants, nous vous faisons réparation, Seigneur.

Pour les blasphèmes continuels des impies, nous vous faisons réparation, Seigneur.

Pour l'opiniâtreté et la perfidie des hérétiques, nous vous faisons réparation, Seigneur.

Pour les discours infâmes tenus dans votre saint temple, nous vous faisons réparation, Seigneur.

Pour les profanateurs de votre Église, dont ils ont fait le lieu de leurs sacrilèges, nous vous faisons réparation, Seigneur.

Qu'il vous plaise d'augmenter dans tous les chrétiens le respect envers cet adorable mystère, nous vous le demandons, Seigneur.

Que vous manifestiez le sacrement de votre amour aux hérétiques, nous vous le demandons, Seigneur.

Que nous vous aimions d'autant plus qu'ils vous haïssent, nous vous le demandons, Seigneur.

Que les injures de ceux qui vous outragent tombent sur nous, nous vous le demandons, Seigneur.

Que vous receviez avec bonté la réparation que nous vous faisons, nous vous le demandons, Seigneur.

Que nous aimions à venir vous visiter, nous vous le demandons, Seigneur.

Hostie pure, écoutez-nous.

Hostie sainte, exaucez-nous.

Hostie immaculée, ayez pitié de nous.

Prions
Seigneur Jésus-Christ, qui avez voulu demeurer parmi nous dans votre sacrement admirable jusqu'à la con-

sommation des siècles, afin de donner à votre Père une gloire éternelle, et à nous la nourriture de la vie immortelle, vous qui avez mieux aimé vous exposer à tous les outrages des impies que de vous retirer de votre Église, donnez-nous la grâce de pleurer avec un cœur ému, les outrages et les sacrilèges faits contre vous par les infidèles et les mauvais chrétiens ; donnez-nous le zèle pour réparer, autant qu'il sera en nous, les ignominies et les opprobres que vous avez soufferts dans ce mystère ineffable, ô vous qui vivez et régnez avec Dieu le Père, en l'unité du Saint-Esprit, dans tous les siècles des siècles.
Ainsi soit-il.

Amende honorable à Notre-Seigneur Jésus-Christ dans le Très Saint-Sacrement[36]

Prosterné devant votre souveraine Majesté, ô Jésus, Fils de Dieu, victime sainte, je viens vous faire amende honorable en réparation de toutes les fautes commises contre le Sacrement de l'Eucharistie…

Ô Jésus-Christ, si souvent délaissé dans nos temples, pardonnez-nous cette négligence et cet oubli.

Ô Dieu, outragé par l'ingratitude, les irrévérences, les mépris, les scandales, les impiétés et les profanations des hommes, je viens vous en témoigner ma profonde douleur, et implorer pour eux et pour moi votre miséricordieuse bonté.

Pardon, mon Dieu, pardon de tant de communions que j'ai omises par

---

[36] *Le livre de piété de la jeune fille*, 326ème édition, ouvrage ayant reçu la bénédiction du Pape Pie IX, Avignon, Aubanel frères éditeur, p.357-358.

indolence, paresse, lâcheté, parce que je ne voulais pas me corriger des défauts qui m'en rendaient indigne ;

Pardon de tant de communions froides, stériles, infructueuses, et qui n'ont jamais été suivies d'un véritable amendement.

Pardon de tant de communions faites par des motifs humains, plutôt que dans l'intention de vous glorifier et de vous plaire ;

Pardon de tant de communions douteuses, et, faut-il le dire ? de tant de communions sacrilèges peut-être ! Ô mon Dieu, pardonnez à ces âmes malheureuses qui n'ont pas craint de vous outrager, qui n'ont pas redouté votre vengeance ; pardon pour moi aussi !

Ces fautes, ces crimes de tous les hommes, je voudrais, mon Dieu, pouvoir les effacer par mes larmes et par mon sang.

Je m'offre à vous dans cette intention ; que je serais heureux si vous me choisissiez pour victime ! Oh ! sans doute, je n'aime pas la souffrance, mais, Seigneur, ne consultez ni mon goût, ni ma faiblesse, ne consultez que votre gloire, et envoyez-moi les peines que vous voudrez.

Je m'engage, ô mon Dieu, à venir plus souvent vous rendre mes hommages dans votre saint Temple, à m'y tenir avec plus de respect, à vous y prier avec plus de piété.

Je m'engage à me préparer plus pieusement à la Confession et à la sainte Communion ; et cette promesse que je fais, je la dépose entre les mains de la sainte Vierge, afin qu'elle la bénisse, et qu'elle m'obtienne la grâce d'être fidèle.

Chemin de Croix eucharistique de Saint Pierre-Julien Eymard[37]

1ère station : Jésus est condamné à mort

Jésus est condamné par les siens, par ceux-là mêmes qu'il a comblés de ses faveurs.

On le condamne comme séditieux, lui la bonté même ; comme blasphémateur, lui la sainteté même ; comme ambitieux, lui qui s'est fait le dernier de tous. On le condamne à la mort de la croix comme le dernier des esclaves.

Jésus accepte avec amour cette sentence de mort : c'est pour souffrir et pour mourir qu'il est venu ici-bas, et pour nous apprendre à faire l'un et l'autre.

---

[37] Saint Pierre Julien Eymard, *La divine Eucharistie*, Troisième série, Retraites aux pieds de Jésus-Eucharistie, 7ème édition, Paris, Bureau des Œuvres eucharistiques, p. 335-354. Le texte n'est pas produit dans son intégralité originelle. Quelques passages ont été supprimés.

Jésus est encore condamné à mort en son Eucharistie. Dans ses grâces d'abord, dont on ne veut pas ; dans son amour, qu'on méconnaît ; dans son état sacramentel, par l'incrédule qui le nie, par l'horrible sacrilège. Par la communion indigne, le mauvais chrétien vend Jésus-Christ au démon, le livre à ses passions, le met aux pieds du démon, roi de son cœur ; il le crucifie dans son corps de péché.

Et cependant Jésus se laisse insulter, mépriser, condamner : il continue toujours sa vie sacramentelle, afin de nous montrer que son amour pour nous est sans condition ni réserve, qu'il est plus grand que notre ingratitude.

Ô Jésus, pardon, mille fois pardon pour tous les sacrilèges ! S'il m'était arrivé d'en commettre jamais, je veux passer ma vie à les réparer, et vous aimer et vous honorer pour ceux qui vous méprisent ; faites-moi la grâce de mourir avec vous !

2ᵉ station : Jésus est chargé de sa Croix

A Jérusalem, Jésus la reçoit avec empressement, la baise avec amour et la porte avec douceur.

Il veut par là nous l'adoucir, nous l'alléger, nous la rendre douce et aimable, et la déifier dans son Sang.

Au divin Sacrement de l'autel, les mauvais chrétiens imposent à Jésus une croix bien plus lourde, bien plus ignominieuse et plus douloureuse pour son Cœur. Cette croix, ce sont leurs irrévérences dans le saint lieu, leur esprit si dissipé, leur cœur si froid en sa présence, leur dévotion si tiède.

Quelle croix humiliante pour Jésus que d'avoir des enfants si peu respectueux, des disciples si misérables !

En son Sacrement encore, Jésus porte mes croix ; il les met sur son Cœur pour les sanctifier ; il les couvre de son amour, de ses baisers, pour me les rendre aimables ; mais il veut que je les porte pour lui, que je les lui offre ; il veut bien recevoir les épanchements de ma douleur, souffrir que je pleure sur mes croix, que je lui demande secours et consolation.

Oh ! Qu'elle devient légère la croix qui passe par l'Eucharistie ! qu'elle sort belle et radieuse du Cœur de Jésus ! Comme il fait bon la recevoir de ses mains, la baiser après lui ! C'est donc là que j'irai me réfugier dans mes peines ; là que j'irai apprendre à souffrir et à aimer !

Pardon, Seigneur, pardon pour ceux qui vous traitent sans respect dans votre Sacrement d'amour ; pardon pour mes indifférences, mes oublis en votre présence : je veux vous aimer, je vous aime de tout mon cœur !

3e station : Jésus tombe une première fois

Jésus avait été si épuisé de sang dans les trois heures de son agonie et sous les coups de la flagellation, si affaibli par la nuit cruelle qu'il passa en la garde de ses ennemis, qu'après quelques moments de marche il tombe accablé sous le poids de sa Croix.

Que de fois Jésus-Eucharistie tombe à terre dans les saintes parcelles, sans qu'on s'en doute !

Mais ce qui le fait tomber de douleur, c'est la vue du premier péché mortel qui souilla mon âme !

Ah ! Qu'elle est encore plus douloureuse la chute que fait Jésus dans un jeune cœur qui le reçoit indignement au jour de sa première Communion !

Il tombe sur ce cœur de glace, que le feu de son amour ne peut fondre ; sur cet esprit orgueilleux et dissimulé, sans pouvoir le toucher ; dans ce corps qui n'est qu'un tombeau plein de pourriture. Hélas ! Faut-il traiter ainsi Jésus la première fois qu'il vient à nous si plein d'amour ? Ô Dieu ! Si jeune et déjà si coupable ! Commencer si tôt à être un Judas ! Combien ce crime d'une première communion sacrilège est sensible au Cœur de Jésus !

Ô Jésus ! Merci de l'amour que vous m'avez témoigné à ma première Communion : jamais je ne l'oublierai ; je suis à vous, tout à vous, puisque vous êtes tout à moi : faites de moi ce qu'il vous plaira.

4ᵉ station : Jésus rencontre sa sainte Mère

Marie accompagne Jésus sur la route du Calvaire : elle y endure un véritable martyre dans son âme ; mais quand on aime on veut compatir.

Ah ! Aujourd'hui, le Cœur eucharistique de Jésus rencontre sur le chemin de ses douleurs, au milieu de ses ennemis, les enfants de son amour, les épouses de son Cœur, les ministres de ses grâces, qui, bien loin de le consoler comme Marie, s'unissent à ses bourreaux pour l'humilier, le blasphémer, le renier ! Que de renégats et d'apostats abandonnent le service et l'amour de l'Eucharistie dès que ce service demande un sacrifice ou un acte de foi pratique !

Ô Jésus, mon bon Sauveur, je veux vous suivre humilié, insulté, maltraité, avec Marie ma Mère, et vous dédommager par mon amour !

5ᵉ station : le Cyrénéen aide Jésus à porter sa Croix

Jésus s'affaiblissait de plus en plus sous son fardeau ; les juifs sollicitèrent Simon de Cyrène de prendre la croix avec Jésus. Celui-ci s'y refusait, et il fallut le contraindre à se charger de cet instrument qui lui paraissait plein d'ignominie : il se soumit, et mérita que Jésus touchât son cœur et le convertit.

En son Sacrement, Jésus appelle les hommes à lui, et presque personne ne répond à ses invitations : il les convie à son banquet eucharistique, et l'on a mille prétextes pour refuser de s'y rendre. L'âme ingrate et infidèle refuse la grâce de Jésus-Christ, le don le plus excellent de son amour ; et Jésus reste seul, abandonné, les mains pleines de grâces dont on ne veut pas : on a peur de son amour !

Au lieu des respects qui lui sont dus, Jésus ne reçoit, la plupart du temps, que des irrévérences. On rougit de le rencontrer dans les rues ; on le fuit dès qu'on l'aperçoit ; on n'ose pas lui donner les témoignages extérieurs de sa foi.

Divin Sauveur, est-ce possible ? Hélas ! il n'est que trop vrai, et je sens les reproches que m'adresse ma conscience. Oui, souvent, attaché à ce qui me plaisait, j'ai refusé d'entendre votre appel ; souvent, pour ne pas être obligé de me corriger, j'ai rejeté l'invitation à votre table dont vous m'honoriez dans votre amour : je le regrette du fond du cœur ; je comprends qu'il vaut mieux tout laisser que de manquer par ma faute une communion, la plus grande et la plus aimable de vos grâces. Oubliez le passé, bon Sauveur, et recevez et gardez vous-même mes résolutions pour l'avenir.

6ᵉ station : une pieuse femme essuie la Face de Jésus

Le Sauveur n'a plus une face humaine : les bourreaux l'ont couverte de sang, de boue, de crachats ! Lui, la splendeur de Dieu, il est méconnaissable, et son Visage divin est couvert de souillures. La pieuse Véronique brave les soldats : sous les crachats, elle a reconnu son Sauveur et son Dieu, et, mue de compassion, elle essuie ce Visage auguste. Jésus la récompense en imprimant ses traits sur le linge dont elle essuie sa Face adorable.

Divin Jésus, vous êtes bien outragé, bien insulté, bien profané dans votre adorable Sacrement, et où sont les Véroniques compatissantes qui viennent réparer les abominations ? Ah ! On est attristé, épouvanté que tant de sacrilèges soient commis si facilement contre le Sacrement auguste : on dirait que Jésus-Christ n'est plus parmi nous qu'un étranger indifférent, méprisable même !

Il est vrai qu'il voile sa Face sous le nuage d'espèces bien faibles, bien humbles : c'est pour que notre amour y découvre par la foi ses traits divins. Seigneur, je crois que vous êtes le Christ, le Fils du Dieu vivant, et j'adore sous le voile eucharistique votre Face adorable, pleine de gloire et de majesté ; daignez, Seigneur, imprimer vos traits dans mon cœur, pour que je porte partout avec moi Jésus, et Jésus-Eucharistie.

7ᵉ station : Jésus tombe une deuxième fois

Malgré l'aide de Simon, Jésus succombe une seconde fois à sa faiblesse : c'est pour lui l'occasion de nouvelles souffrances ; ses genoux, ses mains sont déchirés par ces chutes sur un chemin ardu, et les mauvais traitements de ses bourreaux redoublent avec leur rage.

Oh ! Que le secours de l'homme est nul sans celui de Jésus-Christ ! Et que de chutes se prépare celui qui s'appuie sur les hommes !

Que de fois aujourd'hui le Dieu de l'Eucharistie tombe par la communion dans des cœurs lâches et tièdes qui le reçoivent sans préparation, le gardent sans piété, le laissent aller sans un acte d'amour et de reconnaissance ! Aussi Jésus reste-t-il stérile en nous, à cause de notre tiédeur.

Qui oserait recevoir un grand de la terre avec aussi peu de soins qu'on reçoit tous les jours le Roi du Ciel ?

Divin Sauveur, je vous fais amende honorable pour toutes mes communions tièdes et faites sans dévotion. Que de fois déjà vous êtes venu en moi ! Je vous en remercie, et je veux vous être fidèle à l'avenir : accordez-moi votre amour, il suffit !

8ᵉ station : Jésus console les pieuses femmes désolées

C'était la mission du Sauveur, aux jours de sa vie mortelle, de consoler les affligés et les persécutés. Il veut y être fidèle dans le moment même de ses plus grandes souffrances : il s'oublie lui-même, et essuie les larmes des pieuses femmes qui pleuraient sur ses douleurs et sur sa Passion : quelle bonté !

En son divin Sacrement, Jésus n'a presque jamais personne pour le consoler de l'abandon des siens, des crimes dont il est l'objet. Il est là seul les jours et les nuits. Ah ! Si ses yeux pouvaient pleurer, que de larmes ils répandraient sur l'ingratitude et l'abandon des siens ! Si son cœur pouvait encore souffrir, quels tourments il endurerait de se voir ainsi délaissé, même de ses amis !

Malgré cela, dès que nous venons à lui, il nous accueille avec bonté, écoute nos plaintes, le récit souvent bien long et bien égoïste de nos misères, et il s'oublie lui-même pour nous consoler, nous refaire. Divin Sauveur, pourquoi donc ai-je recours si souvent aux consolations des hommes au lieu de m'adresser à vous ?

Je sens que cela blesse votre Cœur jaloux de mon cœur ; soyez en votre Eucharistie mon unique consolation, mon seul confident : une parole, un regard de votre bonté me suffisent. Que je vous aime de tout mon cœur, et faites de moi tout ce qu'il vous plaira !

9ᵉ station : Jésus tombe pour la troisième fois

Quelles souffrances dans cette troisième chute de Jésus ! Il reste écrasé sous le poids de sa croix, et les mauvais traitements de ses bourreaux peuvent à peine le relever.

Jésus veut tomber une troisième fois avant d'être élevé sur la croix, comme pour témoigner qu'il regrette de ne pouvoir faire le tour de la terre chargé de sa croix.

Jésus viendra une dernière fois en moi en viatique avant que je quitte, moi aussi, cette terre d'exil ! Ah ! Seigneur, accordez-moi cette grâce, la plus précieuse de toutes, et le complément de toutes celles de ma vie !

Mais que je vous reçoive bien à cette dernière communion si pleine d'amour !

Quelle chute épouvantable que celle de Jésus tombant pour la dernière fois dans le cœur d'un mourant qui, à tous ses péchés passés, ajoute le crime du sacrilège, reçoit indignement Celui qui va le juger, et profane ainsi le viatique de son salut !

En quel douloureux état doit se trouver Jésus dans un cœur qui le déteste, dans un esprit qui le méprise, dans un corps de péché livré au démon ! Hélas ! C'est l'enfer de Jésus sur la terre !

Mais quel sera le jugement de ces malheureux ? On tremble d'y penser. Seigneur, pardon, pardon pour eux : nous vous prions pour tous les moribonds ; accordez-leur de mourir dans vos bras après vous avoir bien reçu en viatique.

10ᵉ station : Jésus est dépouillé de ses vêtements

Qu'il doit souffrir dans ce dépouillement cruel et impitoyable ! On lui arrache les vêtements collés à ses plaies, on les rouvre, on le déchire !

Qu'il doit souffrir dans sa modestie, d'être traité comme on rougirait de le faire d'un misérable et d'un esclave, qui meurent au moins dans le suaire qui doit les ensevelir !

Jésus est encore dépouillé de ses vêtements en son état sacramentel. Non contents de le voir dépouillé, par son amour pour nous, de la gloire de sa divinité, de la beauté de son humanité, ses ennemis le dépouillent de l'honneur de son culte, pillent ses églises, profanent ses vases sacrés et ses tabernacles, le jettent à terre : il est livré à leur merci sacrilège, lui, le Roi et le Sauveur des hommes, comme au jour de son crucifiement.

En se laissant ainsi dépouiller en l'Eucharistie, Jésus veut nous réduire à l'état de pauvres volontaires, qui ne tiennent plus à rien, pour nous revêtir de sa vie et de ses vertus.

Ô Jésus Eucharistie, soyez mon unique bien !

11ᵉ station : Jésus est cloué sur la Croix

Quels tourments que ceux qu'endure Jésus quand on le crucifie ! Sans un miracle de sa puissance, il n'eût pu les supporter sans mourir.

Mais au Calvaire, Jésus est attaché à un bois innocent et pur : dans la communion indigne, le pécheur crucifie Jésus en son corps de péché, comme si l'on attachait un corps vivant à un cadavre en décomposition.

Sur le Calvaire, il est crucifié par ses ennemis déclarés ; ici, par ses enfants qui le crucifient dans l'hypocrisie de la dévotion. Sur le Calvaire, il n'est crucifié qu'une fois ; ici, c'est tous les jours et par des milliers de chrétiens.

Ô divin Sauveur, je vous demande pardon des immortifications de mes sens : vous les expiez bien cruellement !

Vous voulez, par votre Eucharistie, crucifier ma nature, immoler sans cesse le vieil homme, et m'unir à votre vie crucifiée et ressuscitée : faites, Seigneur, que je me livre tout à vous sans réserve ni condition.

12ᵉ station : Jésus expire sur la Croix

Jésus meurt pour nous racheter ; sa dernière grâce est le pardon accordé à ses bourreaux ; le dernier don de son amour, sa divine Mère ; son dernier désir, la soif de souffrir ; son dernier acte, l'abandon de son âme et de sa vie entre les mains de son Père.

En la divine Eucharistie, Jésus continue l'amour qu'il me témoigna à sa mort : tous les matins, il s'immole au saint Sacrifice, et il vient perdre en ceux qui le reçoivent son existence sacramentelle : dans le cœur du juste, il meurt pour le faire vivre ; dans le cœur du pécheur, il meurt pour sa condamnation.

De son hostie, il m'offre les grâces de ma rédemption, le prix de mon salut. Mais pour que je puisse y participer, il veut que je meure avec lui et pour lui.

Faites-moi cette grâce, ô mon Dieu, de mourir au péché et à moi-même, et de ne plus vivre que pour vous aimer en votre Eucharistie !

13ᵉ station : Jésus est remis à sa Mère

Jésus est déposé de la Croix et remis à sa divine Mère, qui le reçoit entre ses bras et sur son cœur, et l'offre à Dieu comme la victime de notre salut.

C'est à nous maintenant d'offrir Jésus victime à l'autel et dans nos cœurs, pour nous et pour les nôtres. Il est à nous : Dieu le Père nous le donne ; il se donne lui-même pour que nous le fassions valoir.

Quel malheur que ce prix infini demeure infructueux entre nos mains par suite de notre indifférence !

Offrons-le en union avec Marie, et prions cette bonne Mère de l'offrir avec nous.

14ᵉ station : Jésus est mis dans le sépulcre

Jésus veut subir l'humiliation du tombeau, et il est abandonné à la garde de ses ennemis : il est encore leur prisonnier.

Mais c'est en l'Eucharistie que Jésus est vraiment enseveli ; au lieu d'y rester trois jours, il y reste toujours, et c'est nous qu'il convie à le garder. Il est notre prisonnier d'amour.

Le corporal l'enveloppe comme un suaire ; la lampe brûle devant son autel comme devant les tombeaux ; autour de lui règne un silence de mort.

En venant en notre cœur par la communion, Jésus veut encore s'ensevelir en nous ; préparons-lui une sépulture honorable, neuve, blanche, qui ne soit pas occupée par les affections terrestres ; embaumons-le du parfum de nos vertus.

Venons, pour ceux qui ne viennent pas, l'honorer, l'adorer en son tabernacle, le consoler dans sa prison, et demandons-lui la grâce du recueillement et de la mort au monde, pour mener une vie cachée en l'Eucharistie.

Rosaire médité

La récitation pieuse et assidue du Chapelet fait toujours des miracles.

Si elle ne lasse ni les lèvres qui la répètent, ni le cœur qui excite les lèvres, elle fatiguera le Bon Dieu, qui, importuné par la Sainte Vierge, accordera tôt ou tard les grâces qu'on lui demande.

Que de mères pieuses ont, sur leur lit de mort, demandé, comme un dernier souvenir à leur fille bien-aimée, de réciter leur chapelet tous les jours ! et quand, au milieu des larmes, la promesse était faite, elles disaient : Je meurs tranquille, sûre que mon enfant viendra me retrouver au Ciel.

Oui, ou le chapelet vous ennuiera et vous le laisserez tout à fait, ou quel que soit l'état de votre âme, si vous continuez à le réciter, vous finirez par vous sentir émue, effrayée… et vous serez amenée, le cœur prêt à tous les sacrifices, aux pieds du prêtre qui aura longtemps gémi sur votre faiblesse.

Oh ! Que cette parole répétée mille et mille fois par une âme fidèle et innocente : *Je vous salue, Marie, pleine de grâces* ! doit plaire à la Reine des Anges !

Oh ! que cette autre parole répétée mille et mille fois par une âme fidèle encore, mais coupable : *Priez pour nous, pauvres pécheurs*, doit attendrir la Mère de miséricorde ! …

A genoux aux pieds de la Sainte Vierge, promettez-nous de réciter tous les jours de votre vie *au moins une dizaine de chapelet…* Et tranquilles, nous pourrons, non pas sans émotion, mais sans crainte, vous voir vous éloigner de nous, et nous dirons comme notre mère : nous nous reverrons au Ciel !

Le chapelet est un trésor de prières dans lequel toute intelligence peut puiser, pour offrir à Dieu son tribut d'honneur et sa part d'expiation.

L'indigent qui ne sait pas lire y trouve des paroles et des sentiments qui entretiennent en son cœur l'amour du Bon Dieu, et, son chapelet à la main, il lui semble (et c'est vrai) que le Bon Dieu le regarde avec plus de bonté, et qu'il peut plus facilement s'approcher de lui ; le savant peut, en méditant les mystères, s'élever jusqu'à la contemplation la plus haute, sans crainte de s'égarer parce qu'il a pour guide Marie, humble, charitable, patiente et soumise.

Le chapelet peut se réciter partout, il peut faire partie de toutes les dévotions, auxquelles il donne une valeur particulière.

Le laboureur le récite en se dirigeant chaque matin vers son travail quotidien ; la domestique le récite le long des rues en allant obéir aux ordres de son maître ; l'ouvrière dans son atelier ; le voyageur en chemin de fer ; la garde-malade auprès du lit de ceux qu'elle veille ; le malade lui-même fait passer entre ses doigts affaiblis les grains de son chapelet.

L'enfant qui a peur dans les ténèbres de la nuit, ou dans la solitude, dit son chapelet ; elle le dit aussi celle qui, violemment tentée, veut toujours rester sage… et tous, par un miracle permanent, se sentent fortifiés, consolés, rassurés.

L'âme pieuse récite son chapelet devant le Saint-Sacrement, et le Chapelet lui vient en aide pour adorer Jésus-Christ avec Marie et par Marie.

Elle le récite pendant son oraison, et c'est le chapelet qui lui montre les merveilles de la vie de Jésus-Christ, les vertus de Marie, et qui lui apprend la conduite à tenir pendant la journée.

Elle le récite pendant la sainte Messe, et le Chapelet la fait assister en union avec Marie aux mystères douloureux qui commencent à l'Agonie du jardin des Oliviers et finissent sur la Croix.

Elle le récite après la Communion comme action de grâces, et il lui semble que, pendant qu'elle prie Marie, cette Mère de Jésus introduite dans son cœur adore pour elle, aime pour elle, remercie et demande pour elle…

« On peut appeler le Chapelet la Reine des dévotions, » dit le P. Faber ; « et je ne puis concevoir qu'une âme ait fait des progrès dans la spiritualité si elle n'a l'habitude de le réciter. »

La manière la plus utile de réciter le chapelet est de méditer, en prononçant le *Notre Père* et les *Je vous salue*, sur un des Mystères de la vie de Notre Seigneur ou de sa sainte Mère, demandant à Dieu, par l'intercession de Marie, la vertu qui, dans chaque mystère, se montre d'une manière particulière. Voici ces mystères disposés pour la récitation du Rosaire dont le Chapelet n'est que la troisième partie[38].

---

[38] *Le livre de piété de la jeune fille*, 326ème édition, ouvrage ayant reçu la bénédiction du Pape Pie IX, Avignon, Aubanel frères éditeur, p.361-364.

Rosaire médité sur la sainte Eucharistie par l'Abbé A. Bééseau[39]

Mystères joyeux : (pour le lundi et le jeudi)

1ᵉʳ mystère joyeux : L'Incarnation

Le Verbe s'est fait chair et il a habité parmi nous !... Chaque jour au saint autel, à la parole du prêtre, le Verbe se fait chair de nouveau et vient habiter nos temples.
C'est l'Agneau de Dieu, c'est celui qui efface les péchés du monde.

Il est donc vrai, ô mon Dieu, que vous daignez descendre en moi, comme vous êtes descendu en Marie ; vous me faites une application personnelle de votre divine incarnation !... Ranimez ma foi, mon amour, ma reconnaissance !

Qui dira le bonheur de Marie lorsqu'elle portait le Sauveur dans son chaste sein ?

---

[39] Abbé A. Bééseau, *Le chapelet récité, médité et appliqué aux diverses circonstances de la vie chrétienne*, Paris, Jacques Lecoffre et Cie Éditeurs, 1858, p. 253-271.

Quelles délicieuses communications entre le Fils et la Mère ! La sainte Communion me procure un bonheur analogue à celui-là. Ai-je un assez vif désir de cette union si douce et si précieuse ? ... Ai-je assez de soin pour m'y préparer, assez de vigilance pour en conserver les fruits ? ...

2ᵉ mystère joyeux : La Visitation

Élisabeth fut remplie du Saint-Esprit.

Lorsque Marie visite sa cousine Élisabeth, saint Jean-Baptiste tressaille dans le sein de sa mère, parce que le Saint-Esprit lui est communiqué par la présence de Jésus-Christ. Au même instant il est sanctifié.

Il se passe quelque chose de semblable, lorsque le Seigneur daigna répondre à la visite que nous lui faisons au saint autel par une *visite intérieure,* et surtout lorsqu'il descend dans notre cœur par la sainte Communion. « Dans ce sacrement, nous recevons une grâce spirituelle, l'âme recouvre la force qu'elle avait perdue, et sa beauté flétrie par le péché reprend son premier éclat[40]. »

Je ne négligerai point, ô mon Sauveur, les occasions de vous visiter dans le sacrement où vous m'attendez nuit et jour avec une si vive tendresse…

Visitez-moi par vos consolations… Visitez-moi surtout par votre adorable présence ; et, quand je suis favorisé d'une si précieuse visite, remplissez-moi d'un saint zèle pour procurer votre gloire… Puis-je vous aimer sincèrement sans désirer de répandre partout votre saint amour ?

3e mystère joyeux : La Nativité

Marie mit au monde son Fils premier-né ; elle l'enveloppa de langes et le coucha dans une crèche.

Vous naissez, ô Jésus, et c'est dans une étable abandonnée ! Quelle pauvreté ! … Je vous vois enveloppé de langes, couché sur un peu de paille, dans une crèche ! … Quel

---

[40] *Imitation de Jésus-Christ*, livre 4, c.1

berceau, quel sanctuaire pour le Fils de Dieu ! Hélas ! C'est le même spectacle que présentent souvent vos temples. A la campagne surtout, quelles pauvres églises, quels autels, quels tabernacles peu dignes de vous !... Et partout les espèces sacramentelles si obscures, si humbles !

Même pauvreté, même abandon que dans l'étable !... Que je vienne du moins vous dédommager avec la simplicité des bergers, la foi éclairée et la générosité des mages...

Ô Jésus caché dans le tabernacle comme dans la crèche, faites-moi vivre de foi, d'humilité et d'amour !

4ᵉ mystère joyeux : La Présentation de l'Enfant-Jésus au Temple

L'époque où Marie devait se purifier selon la loi étant arrivée, ils portèrent l'Enfant-Jésus à Jérusalem pour l'offrir au Seigneur.

Marie si pure se soumet à la loi qui ne regardait que les femmes ordinaires... Quelle humilité ! Quand comprendrai-je, ô mon Dieu, que cette vertu est la seule base solide de la vie chrétienne ? Aidez-moi à faire chaque jour quelque sacrifice pour l'obtenir.

Jésus-Christ s'offre par une obéissance aussi généreuse qu'elle est humble… Quelle gloire procure à Dieu cette présentation !

Voyez le tabernacle. Jésus y habite continuellement ; quelques paroles des prêtres suffisent pour le faire descendre chaque jour. Et il demeure là, lié par son amour dans nos sanctuaires. Il se laisse porter et présenter à qui veut le recevoir.

Ô Jésus, je m'offre et je me présente à vous pour être à jamais consacré à votre service… Je vous offre aussi et je vous présente à votre Père, pour lui rendre les seuls hommages dignes de lui… Donnez-moi l'humilité, l'obéissance, la générosité.

5ᵉ mystère joyeux : Le Recouvrement de l'Enfant-Jésus au Temple

L'Enfant demeura à Jérusalem. Ne l'ayant point trouvé, ils retournèrent le chercher. Au bout de trois jours, ils le trouvèrent dans le temple au milieu des docteurs.

Dans la sainte Eucharistie, Jésus-Christ est docteur des âmes, il continue à instruire les fidèles qui le visitent et le reçoivent...

Que d'âmes simples se sont avancées merveilleusement à cette sublime école !

Heureux, ô Jésus ! ceux qui vous cherchent véritablement, et qui, vous ayant trouvé dans le temple, passent avec bonheur, au pied de vos autels, des moments si précieux !

Vous leur parlez, ô Jésus, comme un maître à son disciple, comme un père à son fils, comme un ami parle à son ami le plus cher ! Parlez-moi de même et rendez-moi docile à vos leçons.

Ô Marie, je vous vois chercher Jésus pendant trois jours. Et avec quelles inquiétudes et quels désirs ! Quand j'ai le malheur de perdre Jésus par le péché ou par mes négligences, est-ce que je le cherche ?... Ai-je ce zèle, cette ardeur, ces saintes inquiétudes d'une conscience qui ne saurait vivre sans l'amour de son Dieu ?

Ô Jésus qui avez cherché les pécheurs, et qui les prévenez chaque jour de votre grâce, faites que je vous trouve et que je ne vous perde plus jamais. Trésor de ma vie, joie de mon âme, ô mon Jésus, que je vous demeure uni pour toujours !

Donnez-moi le goût de cette vie humble, cachée, silencieuse, et pourtant si féconde que vous meniez à Nazareth et que vous renouvelez dans votre tabernacle.

Ô Dieu caché, faites que je vous trouve et que je vous demeure uni à jamais !

Mystères douloureux : (pour le mardi et le vendredi)

1ᵉʳ mystère douloureux : L'Agonie de Jésus au jardin des Oliviers

Jésus alla, selon sa coutume, au jardin des Oliviers... et, étant réduit comme à l'agonie, il continuait de plus en plus à prier.

Dans l'Eucharistie, Jésus subit une espèce d'agonie par l'ingratitude des hommes, et il appelle les âmes pieuses pour le consoler.

Il est là dans le jardin mystérieux de son sanctuaire, où il se retire pour prier et plaider la cause des pécheurs ! ... Quelle prière, qui n'a pas été interrompue depuis tant de siècles !!!

Il est là dans les dispositions de l'amour le plus tendre ; et cependant quel oubli, quel abandon, quels outrages ! ... Ceux qui devraient s'empresser autour de lui le délaissent. Ne peut-il pas dire comme au jardin des Olives : Mon âme est triste...

Tristis est anima mea. Veillez et priez… vous n'avez pu veiller une heure avec moi ! …

Ô Jésus, je veux venir vous dédommager de l'indifférence, de l'oubli, de l'abandon de tant d'autres. Je prierai en union avec vous, j'offrirai au Père céleste vos divines prières, vos satisfactions infinies.

2ᵉ mystère douloureux :

La Flagellation de Jésus

Pilate livra Jésus pour le faire flageller.

Dans l'Eucharistie, Jésus est comme attaché à la colonne par les liens de son amour… Immobile, il reçoit les insultes, les sacrilèges, ces blessures vives et sanglantes des impies ou des mauvais chrétiens. Tout cela renouvelle dans une certaine mesure sa flagellation si douloureuse et si humiliante ! …

Ô Jésus, comme votre cœur est déchiré ! … Que jamais je ne contribue à vos humiliations. Je voudrais vous dédommager et réjouir, par mes empressements et mon amour, votre âme blessée…

3ᵉ mystère douloureux :

Le Couronnement d'épines de Jésus

Et entrelaçant des épines, ils en firent une couronne et la posèrent sur sa tête.

Jésus, roi de gloire, adoré par les saints et les anges dans la splendeur des cieux, je vous vois au saint autel couronné d'épines humiliantes !… Votre gloire est obscurcie… Votre front auguste est comme percé par tant d'outrages et d'insultes… C'est ainsi que vous expiez mon orgueil ! …

Ô Jésus, donnez-moi part à votre humilité… Que j'apprenne à renoncer à la vaine gloire qui me trompe et me séduit…

4ᵉ mystère douloureux : Le Portement de la Croix de Jésus

Il sortit portant sa Croix.

Au saint autel, Jésus, chargé de blasphèmes et d'outrages, porte cette lourde croix…

Que de crimes dont son sacrement a été l'objet ! Sa présence auguste niée par les incrédules, les temples renversés, les autels abattus, son tabernacle brisé par l'impiété, ses vases profanés, quel poids énorme sur les épaules adorables du Sauveur ! …

De l'autel il nous invite à porter notre croix et à le suivre… *Si quelqu'un veut être mon disciple,* nous dit-il sans cesse, *qu'il prenne sa croix et qu'il me suive !* …

Ici encore, ce sont de pieuses femmes qui viennent le plus souvent le consoler. Elles ont entendu et goûté sa doctrine. Elles ne le quittent pas quand ses meilleurs disciples l'ont abandonné… Elles veulent le suivre jusqu'au Calvaire en gémissant et en pleurant !

Quelques femmes, en la compagnie du disciple bien-aimé, recueillent son dernier soupir sur la croix : Marie, Mère de Jésus, Marie, femme de Cléophas, et Marie-Madeleine…

Pieuses femmes, jeunes filles pures et ferventes, âmes attirées par le repentir et l'amour, venez consoler Jésus, faites-lui hommage de ces sentiments plus délicats, de cette sensibilité plus vive qu'il vous a donnés !...

Aujourd'hui encore les saintes femmes sont plus nombreuses à la suite de Jésus... Les œuvres de charité de tout genre naissent entre leurs mains et sont alimentées par la sainte Eucharistie... Elles remplissent nos temples... Elles se pressent autour de la table sainte... Elles visitent le Sauveur et le consolent...

Ô Jésus, que je sois toujours du nombre de ces âmes fidèles et ferventes !...

5e mystère douloureux :

Le crucifiement de Jésus sur la Croix

Ils attachent Jésus à la croix.

C'est bien le crime de ceux qui communient indignement. *Ils ne discernent pas le Corps du Seigneur ! Ils sont coupables de son Corps et de son Sang* ! C'est pourquoi *ils mangent* et *boivent leur condamnation.*

Ô Jésus, préservez-moi toujours de cet affreux malheur : non, jamais je ne vous donnerai le baiser du perfide Judas... Combien je souffre, ô divin maître, des sacrilèges qui vous crucifient de nouveau ! jamais, du moins, je ne veux y participer ; plutôt mille fois mourir.

Je vois votre immolation divine, ô Jésus, se renouveler chaque jour au saint autel à toutes les messes qu'on célèbre... Votre charité infinie, qui vous faisait désirer si ardemment votre passion, vous inspire encore après votre triomphe de vous immoler tous les jours jusqu'à la consommation des siècles !... Quel amour !... Quel dévouement !... Comment pourrai-je répondre à un si grand bienfait ?

Ranimez ma foi, ô divin Sauveur, que je m'empresse d'assister au saint sacrifice le plus souvent qu'il me sera possible...

Ô Marie, qui m'avez adopté au pied de la croix pour votre enfant, faites que j'assiste toujours au saint sacrifice avec une foi vive et un ardent amour. Obtenez-moi la grâce de ne jamais profaner ni offenser en aucune sorte le sacrement adorable où la divine victime s'immole avec tant de générosité ! ...

Mystères glorieux : (pour le mercredi, le samedi et le dimanche)

1ᵉʳ mystère glorieux : La Résurrection

Il est ressuscité.

Dans la sainte Eucharistie, le corps de Jésus-Christ est dans l'état des corps glorieux ; seulement l'éclat qui devrait en jaillir est voilé par les espèces sacramentelles. *Celui qui mange de ce pain vivra éternellement ! ... Voici le pain qui est descendu du ciel... Celui qui mange ma chair et boit mon sang a la vie éternelle, et je le ressusciterai au dernier jour.*

Quelles magnifiques promesses ! ... Il est donc vrai, votre corps adorable peut s'unir à ma chair de péché, votre âme sainte pénètre la mienne, votre divinité remplit tout mon être, afin qu'une si merveilleuse union me préserve des suites de la concupiscence et me maintienne dans une vie pure et sainte ! ...

Ô Jésus ressuscité, vous apparaissez tout d'abord à Madeleine, qui vous avait offensé, mais dont vous avez vu le repentir et les larmes... Quelle douce espérance pour moi ! Mes péchés passés ne m'empêcheront donc pas de m'approcher de vous et de recevoir vos faveurs les plus précieuses.

Ô Dieu ! Qui voilez votre gloire sous de si humbles apparences, faites que, comme les disciples d'Emmaüs, je sache vous reconnaître. Puis-je ne pas vous reconnaître à votre amour ? ... Parlez-moi... Et que mon cœur se remplisse d'un feu céleste pendant vos divins entretiens.

2e mystère glorieux : L'Ascension

Ils le virent s'élever et une nuée le déroba à leurs yeux.

Jésus est monté au ciel pour nous préparer une place, et en même temps il reste avec nous dans la sainte Eucharistie, pour nous aider à la conquérir… Quelle consolation dans cet exil de la vie ! … Dans la gloire, il comblera tous les désirs des élus ; et ici-bas, il nous fait goûter les douceurs de sa présence et nous donne comme un avant-goût des joies célestes ! …

Dieu du Ciel ! Dieu de l'Eucharistie, soyez l'unique objet de mes désirs et ma souveraine consolation !

Nous vous verrons un jour face à face ; maintenant à travers les voiles du mystère. Les élus seront enivrés, Seigneur, de l'abondance de votre maison, et vous les ferez boire à longs traits au torrent de vos célestes plaisirs.

Oui, Seigneur, je le crois ; car votre divine présence fait déjà sur cette terre répandre des larmes bien douces à ceux qui vous reçoivent avec une foi vive et un ardent amour ! …

3ᵉ mystère glorieux : La Pentecôte

Ils furent tous remplis du Saint-Esprit.

Quand Jésus-Christ vient en nous par la sainte Communion ; il se fait dans notre âme une abondante effusion des grâces de l'Esprit-Saint...

Combien j'ai besoin, ô Jésus, des dons de votre divin Esprit ! Répandez-les dans mon âme ; et pour cela venez souvent en moi... Je veux tenir mon âme bien recueillie, afin de la rendre plus capable de recevoir les saintes influences de l'Esprit-Saint.

Préparez-moi vous-même à vous recevoir le plus souvent qu'il me sera possible... Je ne puis vivre sans vous. Vous êtes ma lumière, ma force et ma vie ! Venez en moi pour me changer, me sanctifier, me donner un saint courage à votre service !... *Venez, Seigneur Jésus, venez !*

4ᵉ mystère glorieux : L'Assomption de la sainte Vierge Marie dans le Ciel

Annoncez à mon bien-aimé que je me meurs d'amour.

Voilà l'état de l'âme de Marie après l'Ascension de son divin Fils… Sa consolation était de le recevoir chaque jour dans la sainte Eucharistie… Quel amour elle lui témoignait dans ce mystère !… Sa mort n'est qu'un élan de cet amour tout céleste, qui consomme à jamais une union si désirée.

Qui dira la gloire de son triomphe, la magnificence de sa glorieuse assomption ?…

Sur cette terre d'exil, ô Jésus ! que tout mon bonheur soit de vous recevoir. Que je ne vive que de vous et par vous, afin que ma mort soit, comme celle de Marie, remplie d'amour et de confiance. Vous viendrez alors une dernière fois me visiter dans votre sacrement adorable. Je vous recevrai sur le lit de mes dernières souffrances, et vous m'accueillerez au sortir de cette vie.

Un jour, mon corps, si souvent sanctifié par la présence de votre chair adorable, se réunira à mon âme… Et j'espère qu'alors vous m'introduirez au séjour de la gloire et du bonheur ! ... Divine Eucharistie, soyez pour moi le gage d'une mort sainte et de la bienheureuse résurrection.

5ᵉ mystère glorieux : Le Couronnement de la sainte Vierge Marie dans le Ciel

Venez, ma bien-aimée, venez, vous serez couronnée.

Ces paroles que vous disiez à Marie, vous les dites à mon âme, ô Jésus ! ... Oui, vous me promettez le Ciel si je suis fidèle à vous servir, constant à vous aimer, empressé à vous recevoir dans la sainte communion…

Ce banquet sacré n'est-il pas déjà un Ciel commencé sur la terre ? ...

Que sont les travaux et les peines de cette vie en comparaison de ce poids immense de gloire dont vous les récompenserez un jour ? Le Ciel ! Le Ciel ! Que ce mot a de charmes pour mon cœur ! Posséder mon Dieu, le voir, jouir de lui sans crainte de le perdre jamais ! C'est là, ô Jésus ! que le torrent de vos délices remplira mon âme pour l'éternité !...

Faites, ô mon Dieu ! que je mérite cette divine récompense par la résignation à votre volonté sainte, l'acceptation des épreuves de cette vie et la persévérance dans votre amour et celui de votre sainte Mère !

ANNEXES

Les saints et la communion spirituelle

Préparons un cœur plein de saintes affections, un cœur brûlant du désir de nous unir à ce souverain bien, un cœur doublement enrichi des dispositions requises, afin de pouvoir dire, avec le saint roi David : *Paratum cor meum, Deus, paratum cor meum* : « Mon cœur est prêt, Seigneur, mon cœur est prêt[41]. »

Ces heureuses dispositions remplissaient le cœur d'une jeune enfant, nommée Imelda, laquelle était élevée à Bologne, dans un monastère de l'ordre de Saint-Dominique. La vertueuse enfant soupirait avec ardeur après la communion, mais cette faveur lui était refusée à cause de son jeune âge. Un jour de fête, pendant que les religieuses s'approchaient de la table sainte, Imelda, restée seule à sa place, regardait d'un œil d'envie ces fortunées religieuses ; puis s'adressant à Notre-

---

[41] Ps. 56,8.

Seigneur, et répandant son âme en sa présence, elle lui dit : « Jésus, Jésus, mon doux Jésus, pourquoi ne venez-vous pas aussi à moi ?

Venez prendre possession de mon cœur, venez rassasier mes désirs. » Jésus exauça les soupirs enflammés de sa fille bien-aimée ; voici comment. La sainte hostie quitta les mains du prêtre, et volant en l'air en traçant un sentier lumineux, elle s'arrêta au-dessus de la tête de l'heureuse enfant. Les religieuses se mirent toutes à crier au miracle ; et le prêtre, pensant qu'il était juste de donner la communion à cette sainte âme, que le Ciel favorisait d'un tel prodige, entra dans la clôture, prit en main la particule sacrée qui était miraculeusement suspendue en l'air, et la donna à Imelda, qui mourut d'amour et de joie entre les bras de son divin Époux[42].

---

[42] *Sermons, exhortations et conférences pour les missions par le bienheureux Léonard de Port-Maurice*, tome second, Casterman éditeur, 1860, p.10-11.

La bienheureuse Agathe de la Croix était si éprise de Jésus dans l'Eucharistie, qu'elle brûlait à toute heure de le recevoir, et ne pouvant apaiser la soif qui la consumait par la communion sacramentelle, elle renouvelait fois sur fois la communion spirituelle.

Ô salutaire communion spirituelle ! Trésor caché et connu de bien peu de chrétiens ! Mais afin de nous faire voir combien cette manière de communier lui est agréable, Notre-Seigneur s'est plu maintes fois à opérer des miracles évidents, pour exaucer les ardents désirs de ses serviteurs, en les communiant tantôt de ses propres mains, comme il arriva à la bienheureuse Claire de Montefalco, à sainte Catherine de Sienne, à sainte Liduvine ; tantôt de la main des anges, comme il arriva à notre séraphique docteur saint Bonaventure et à deux autres saints évêques Honoré et Firmin, et parfois aussi par les mains de son auguste Mère, comme il le fit pour le bienheureux Sylvestre. Et vous ne devez pas vous étonner de ces délicatesses de son amour, car la communion spirituelle embrase une âme de l'amour divin, l'unit à Dieu et la dispose à recevoir les faveurs les plus signalées[43].

---

[43] *Sermons, exhortations et conférences pour les missions par le bienheureux Léonard de Port-Maurice*, tome second, Casterman éditeur, 1860, p.40-41

La journée de la pieuse communiante[44]

Ce n'est plus moi qui vis, c'est Jésus qui vit en moi.

Ce n'est plus moi qui agis, c'est Jésus qui agit par moi.

Ce n'est plus moi qui aime, c'est Jésus qui aime en moi et par moi.

Il faut donc que je fasse chacune de mes actions comme les aurait faites Jésus.

Il faut donc que je ne perde pas un seul instant la présence de Jésus.

Jésus est mon aide et fait de moitié avec moi tout ce que j'ai à faire.

---

[44] *Le livre de piété de la jeune fille*, 326ème édition, ouvrage ayant reçu la bénédiction du Pape Pie IX, Avignon, Aubanel frères éditeur, p.457-460.

Il est mon modèle, et me dit tout bas comment il aurait fait ce devoir, qui m'est commandé.

Il est mon soutien, il m'encourage et me fait supporter la fatigue et l'ennui.

Il est ma récompense, et compte toutes les minutes du temps que je passe à faire mon devoir, pour me tenir compte de toutes ces minutes.

Il est mon protecteur, éloignant le démon pendant que je prie ou que je travaille, éloignant les méchants ou me fortifiant contre leurs paroles, et ne permettant pas que je sois accablée.

Aussi je l'aime Jésus !

Dans mes récréations, je pense à sa douceur, à sa bonté, à son sourire habituel.

Il ne rebutait personne, il ne méprisait personne : il était toujours le même, rempli de complaisance, d'affabilité, n'étant jamais las de rendre service, heureux surtout alors qu'il se gênait ou se fatiguait pour les autres.

Dans mes conversations, je parle quelquefois de lui, je parle toujours au moins en sa présence ; de manière que rien de grossier, d'inconvenant, ni même d'imprudent ne s'échappe ; je suis heureuse lorsque je puis porter quelqu'un à l'aimer.

Dans mes études, je pense à la bonté de Jésus instruisant ses disciples, leur expliquant lui-même ce qu'ils ne comprenaient pas, et je me figure que c'est lui qui me parle par la bouche de mes maîtresses que j'écoute avec respect et reconnaissance.

Je l'invoque quand j'éprouve quelque difficulté, je me soumets quand je subis une humiliation ou que je rencontre un obstacle ; je le remercie quand j'ai un peu de succès, parce que c'est lui qui a ouvert mon intelligence.

Dans mes repas, je pense à sa tempérance, à sa sobriété, à ses mortifications ; avec quelle bonté il servait lui-même ses apôtres, avec quelle charité il faisait des miracles pour nourrir les pauvres ! Oh !

quand je serai libre de disposer de quelque chose, je ferai toujours abondante la part des pauvres ; Jésus l'aurait faite si abondante, lui ! et actuellement je garderai pour eux chaque semaine quelques menues pièces de monnaie, et, en les donnant, je demanderai qu'on aime Jésus.

Dans mes prières, je me figure être près de Jésus et je l'entends me dire : « Tout ce que tu demanderas à mon père en mon nom, il te l'accordera ; » et je me recueille comme il se recueillait, et j'aime à répéter quelques-unes des paroles qu'il disait lui-même : Mon Père ! que votre volonté soit faite et non pas la mienne ! Mon Père ! donnez-nous aujourd'hui notre pain de chaque jour ! Mon Père, que tous vous connaissent et vous aiment !

Dans mon travail manuel, je pense aux actions, quelquefois toutes semblables aux miennes, que faisait Jésus... Il faisait tout ce qu'on lui commandait et il le faisait parfaitement ; il laissait son travail dès qu'on l'appelait, puis le reprenait ou le laissait encore : il ne se plaignait ni de la longueur de sa tâche, ni de sa monotonie, ni de sa difficulté ; il ne craignait pas, lui qui savait tout, de demander à Saint Joseph et à la Sainte Vierge : « Comment faut-il faire telle chose ? » et il suivait parfaitement les avis qu'on lui donnait.

Dans mes peines, je l'appelle… et j'attends… je sais qu'il est là, et même quand il ne me dit rien, je n'ai pas peur, il empêchera que le mal me tourmente trop, que l'ennui se prolonge de manière à m'accabler, que la tentation me presse au point de me faire succomber… Je l'invoque… je sais qu'il viendra à temps, et, tout en pleurant quelquefois et en gémissant, je continue mon travail, ma prière, ma vie ordinaire.

Dans les afflictions que permet la Providence, je m'approche davantage de lui, et si je ne le trouve pas à mes côtés, je vais le chercher… Je le trouve dans les bras de la Sainte Vierge, qui me le donne toujours après une dizaine de chapelet dite avec piété ; je le trouve au milieu des pauvres que je vais visiter, à qui je fais l'aumône, pour qui je mets à part un peu de mon argent à moi, et je sens encore Jésus, parce que le bonheur revient.

Je le trouve dans la maison de Nazareth, travaillant de ses mains, et il vient à moi, si, comme lui, je travaille ; je le trouve sur la Croix, et le chemin de Croix que je vais faire à la chapelle me le rend avec le calme, la paix, la résignation ; je le trouve enfin dans la sainte Communion, et alors je lui dis : Ne me quittez plus ! ne me quittez plus !...

Dans mon sommeil, je pense à Jésus se livrant au repos, et je le vois dormant paisible, innocent tantôt dans les bras de Marie, tantôt sur la barque que la tempête agitait, tantôt dans sa crèche de Bethléem. Je lui dis : Ô Jésus, moi aussi je veux reposer en paix comme vous, je veux que mon cœur veille toujours : je veux que, pendant mon sommeil, chacune de mes respirations soit un soupir d'amour ; je veux qu'à mon réveil ma première parole soit : Jésus, je vous aime !

Ô quelle est douce ma journée ainsi unie à Jésus !

Priez[45] !

Êtes-vous en paix ? priez : la prière vous conservera.

Êtes-vous tentée ? priez : la prière vous soutiendra.

Êtes-vous tombée ? priez : la prière vous relèvera.

Êtes-vous découragée ? priez : la prière vous rassurera.

Êtes-vous abandonnée de tous ? priez : la prière fera venir Jésus près de vous !

« Ah ! la prière ! dit le P. de Ravignan, il faut quelquefois s'y jeter à corps perdu, sans cela on est englouti et dévoré…
Vous êtes poursuivie, perdue, bouleversée ; vous êtes je ne sais où… Jetez-vous dans la prière, comme un pauvre animal se jette à la nage ; ne raisonnez pas, ne pensez pas, nagez, c'est-à-dire priez ! »

---

[45] *Le livre de piété de la jeune fille*, 326ème édition, ouvrage ayant reçu la bénédiction du Pape Pie IX, Avignon, Aubanel frères éditeur, p.528-529.

BIBLIOGRAPHIE

Père Justin Etcheverry, *La Communion spirituelle*, Librairie catholique de Périsse Frères, 1863.

Sermons, exhortations et conférences pour les missions par le bienheureux Léonard de Port-Maurice, tome second, Casterman éditeur, 1860.

T.H. Frère Irlide supérieur général, *Manuel de piété à l'usage des frères des écoles chrétiennes*, Tours, Mame, 1887.

Abbé F. Esmonin, Le bonheur à la Table sainte ou l'Union de l'Ame fidèle avec Dieu dans la Communion fréquente, 46ème édition, Dijon, imprimerie Darantiere.

Œuvres complètes de Bossuet, tome 3, Paris, Lefèvre, Libraire-éditeur, 1836.

Règle de conduite pour les filles associées de l'instruction de la ville du Puy, Puy, Imprimerie de P.B.F. Clet, 1834.

Père J.B. Pagani, *L'âme dévote ou considérations et aspirations avant et après la sainte Communion*, traduit de l'anglais par les abbés C. Stein et R. Roy, J. B. Pélagaud et Cie, Imprimeurs-libraires de Notre Saint Père le Pape, 1855.

Le livre de piété de la jeune fille, 326ème édition, ouvrage ayant reçu la bénédiction du Pape Pie IX, Avignon, Aubanel frères éditeur.

Exercices de Piété à l'usage des Maisons de la Compagnie de Sainte Ursule, Tours, Cattier Libraire-éditeur, 1871.

Saint Alphonse de Liguori, *Œuvres complètes*, publiées sous la direction des abbés Vidal, Delalle et Bousquet, tome 4, Paris, Parent-Desbarres éditeur, 1935.

Abbé Baudrand, *L'âme embrasée de l'amour divin par son union aux sacrés cœurs de Jésus et de Marie*, Paris, imprimerie Gauthier, 1834. (Quelques modifications légères ont été faites pour moderniser le texte en français contemporain)

Nouveau formulaire de prières dédié aux enfants de Marie, Gand, Vanryckegem-Lepère imprimeur, 1853.

Vénérable Léon Papin-Dupont, *Le petit jardin céleste,* pensée n°313.

Acte de communion spirituelle composée par le cardinal Merry del Val, source : site internet dominicainsavrille.fr

Acte de communion spirituelle composée par le Padre Pio, cité dans un article de l'abbé Spriet, dans le mensuel *La Nef*, novembre 2019.

Nouveau formulaire de prières dédié aux enfants de Marie, Gand, Vanryckegem-Lepère imprimeur, 1853.

Père Laurent Scupoli, (traduit en français par le P.J. Brignon, jésuite) *Le combat spirituel,* Tours, Mame, 1851.

Saint Pierre Julien Eymard, *La divine Eucharistie*, Première série, 9ème édition, Paris, Bureau des Œuvres eucharistiques.

Saint Pierre Julien Eymard, *La divine Eucharistie*, Deuxième série, La sainte

Communion, 9ème édition, Paris, Bureau des Œuvres eucharistiques.

Saint Pierre Julien Eymard, *La divine Eucharistie*, Troisième série, Retraites aux pieds de Jésus-Eucharistie, 7ème édition, Paris, Bureau des Œuvres eucharistiques.

Manuel de la vraie dévotion pratique envers la très sainte Eucharistie et la Très sainte Vierge, par le Père Alexis-Louis de Saint-Joseph, Lyon, 1855.

Mgr Mislin, *Livre d'heures avec un choix d'autres prières*, Vienne, Henry Reiss éditeur, 1867.

Abbé A. Bééseau, *Le chapelet récité, médité et appliqué aux diverses circonstances de la vie chrétienne*, Paris, Jacques Lecoffre et Cie Éditeurs, 1858.

Table des matières

PREMIERE PARTIE   Père Justin Etchevary, La communion spirituelle 13

   1.   Ce qu'est la communion spirituelle ... 15

   2. Méthode pour la communion spirituelle 23

      1) Préparation 23

      2) Réception 26

      3) Action de grâces 28

   3. Les moments de la communion spirituelle 33

      1)   La sainte Messe 33

      2)   Toutes les fois que nous venons aux pieds des autels. 36

      3)   À tout moment de notre vie 38

   4. Résultats de la communion spirituelle .. 39

DEUXIEME   PARTIE   La communion spirituelle en pratique 47

   1.   **La communion spirituelle à la Messe** 49

1) Prières pour la communion spirituelle seule pendant la Messe 49

2) Manière d'entendre la sainte Messe pour y faire la communion spirituelle par l'Abbé Esmonin 57

2. Communion spirituelle toutes les fois que nous venons aux pieds des autels. 79

3. Communion spirituelle à tout moment de la vie 105

TROISIEME PARTIE   Méditations eucharistiques de Saint Pierre-Julien Eymard .. 111

Le recueillement, âme de la vie d'adoration 113

L'Eucharistie centre du cœur 123

Foi 131

Amour 137

Désir 141

Humilité 145

Jésus humble de cœur 151

QUATRIEME PARTIE   Prières 157

Litanies de l'amour de Dieu 159

Litanies du Saint-Sacrement 165

Autres Litanies du Très Saint-Sacrement 174

Litanies de Jésus-Hostie 181

Litanies de réparation au Très Saint-Sacrement 186

Amende honorable à Notre-Seigneur Jésus-Christ dans le Très Saint-Sacrement 191

Chemin de Croix eucharistique de Saint Pierre-Julien Eymard 194

Rosaire médité 214

ANNEXES 241

Les saints et la communion spirituelle 243

La journée de la pieuse communiante 247

Priez 253

BIBLIOGRAPHIE 255

Achevé d'imprimer en mars 2023

Dépôt légal : mars 2023